勝間式ロジカル不老長寿

健康もマネーも人生100年シフト!

The secret of long life

勝間和代

宝島社

プロローグ 長生きリスクという事実に向き合う

長生きリスクとは何か

この本は**長生きリスクと真正面から向き合い、そのリスクをどうやってマネジメントするかを考えた本**です。

長生きリスクと聞いてもピンとこないと思います。

それもそのはずです。これまで人類は基本的にはいかに、寿命が尽きるのを食い止めるかということばかり気にしてきているからです。

ところが21世紀に入って、アンチエイジングやさまざまな医療技術、そして衛

長生きリスクという事実に向き合う

生技術が発達したことで、いまこの本を読んでいる半分以上の人が90歳どころか100歳を迎える可能性が極めて高くなっています。

一方、現在のさまざまな社会のシステムや制度は、人生は80年しかないということを前提にしています。

たとえば日本の年金制度がそうです。

定年は60歳、もしくは65歳で、そのあとは年金をもらって生活するのが基本的な設計の思想です。つまり、60か65歳で仕事をやめて、残りの20年くらいは年金で暮らすということです。

これが、人生100年になったら。

ちょっと考えてみてください。たとえば、私はいま、52歳です。社会人になってから30年ほど。もし、100歳まで生きるとしたら、あと48年もあるわけです。

ということは、自分のキャリアのなかで、まだ真ん中にも到達していないことになります。

おかげさまで、私は物書きとして生業《なりわい》を立て、YouTuberとしても活動していますす。そのため、企業その他に所属していないため定年はありません。

これが仮に定年があったとしたらどうでしょう。65歳で雇用を打ち切られます。3分の2、もしくは3分の1まで月々の収入（この場合は年金ですが）が落ち込むわけです。

現役時代の5割、7割の収入でなんとか慎ましやかに暮らす生活が、なんとあと30年も続いてしまうのです。

歳を取るとゴルフ場の厄介者になる

先日、ゴルフ場の経営者と話をしていて、なるほどなと思ったことがあります。

ゴルフの会員権を持っている人たちは、定年を迎えると、お金がないため、ゴルフ場でお金を使わなくなります。そのくせ、暇で時間があるのでよくやってきては、横暴で自分勝手なことを言ったり、やったりする。実にわがままなのだそうです。

団塊の世代もとっくに定年を迎え、後期高齢者になろうとしている今日、それはゴルフ場の経営に直結しているようで、暗雲が立ち込めてきました。

結果、多くのゴルフ場が経営難に陥り、さまざまなファンドに買われる事態となっています。

定年後は暇すぎる

また、以前、『定年後』という書籍を執筆した楠木新さんと対談したことがあるのですが、楠木さんは、いかに定年後が悲惨かということを力説していました。

楠木さんは、定年を迎えたさまざまな人たちに取材を行っています。楠木さんが出会った**定年後の生活を暮らす方の多くが、本当にやることがない。**

つまり、暇なのです。

そんな人たちは結局、毎日、図書館に行くか、スポーツクラブに行くしかないそうなのです。

もちろん、先ほどお話ししたゴルフ場に行く方もいるでしょうが、年金生活のため、家計のことを考えると、そう頻繁には行けません。

東京都近郊のゴルフ場では、たとえ平日でもランチを含めると1万円前後はどうしてもかかってしまうので、行けたとしても月にせいぜい1回か2回が関の山でしょう。

女性の場合、まだ家事をやらなければならなかったり、孫の世話なんかもあったりしますし、近所付き合いをするのも女性が中心ですから、そこまで大きな変化はないでしょう。

しかし、企業勤めのサラリーマンだった男性の多くは、**定年と同時に社会的なつながりから切断され、ネットワークからはじかれてしまう。さらに現役の頃よりも、収入も大きく減ってしまう。**

社会とのつながりもなく、収入も満足にないため、定年後の生活には、著しい変化が生じるのです。

老いは40代後半からいきなりやってくる

そして、なんと言っても**長生きの最大の問題は、やはり老い**でしょう。老化というリスクにどう付き合うかは、誰の身にも降りかかってくる問題です。

私は40代前半くらいまでは体力にも自信があり、車や電車は使わず、どこでも自転車で出かけていました。

ところが、40代後半にさしかかると、左膝の具合が悪くなり爆弾を抱えるようになりました。

これでは、とてもではありませんが、自転車でありとあらゆる場所に出かけたいと思うような気分にはなりません。

自分の顔を見ても肝斑《かんぱん》が出てきて、白髪が目立つようになりました。だんだんと、52歳という年相応の顔になってきています。

しかし、です。

何度も繰り返しますが、このあと、**まだ人生は50年もある**のです。

あと50年、幸福に生き生きと生きるにはどうしたらいいか。

どのように老化というリスクを管理しながら、社会的に孤立せずに周囲とのネットワークを保ち、金銭的なリスクもマネジメントしつつ、１００歳まで幸福度を下げないでいられるか。

いえ、むしろ、**幸福度を１００歳まで上げ続けることができるのか。**

これが、ここ数年の私の大テーマとなっています。

そもそも老化って何？

そもそも**老化**というのはなんでしょうか。

私たちの身体の細胞には、寿命があります。生まれてから死ぬまでの間、一定の回数以上は、細胞分裂をすることができません。

それは**細胞分裂をするたびに、細胞の染色体のなかにある「テロメア」がどんどん短くなる**ためです。

詳しくは本書のなかで解説します。

血液でも脳でも呼吸器官でも心臓でも消化器官でも、私たちの生命を維持するために、身体はさまざまな臓器が連動した複雑なシステムをなしています。

どこにでもありえることですが、**テロメアがどんどん短くなり、老化が進んでしまう**と、そうした臓器にも故障が生じてきます。

たとえ、その1箇所でも一定以上の故障が生じてしまうと、私たちは死に至ります。

その故障が一気に来れば、いわゆるぽっくり死するのでしょうが、もちろんそれは稀《まれ》で、ありとあらゆる不具合が少しずつ発生していき、徐々に身体が弱り、死を迎えるのです。

つまり、**老化は一気に来るのではなく、生まれたときから、徐々にゆっくりと進行していき、死を招く**わけです。

これからの時代、こうした**故障や不具合と付き合いながら、私たちは１００年の人生を歩まなければいけない**のです。

長生きリスクになかなか気づけないわけ

以前、私は105歳で亡くなられた日野原重明先生が99歳のときに、一緒に講演をしたことがあります。日野原先生が壇上に登場されたときの、聴衆のみなさんの興奮はいまだに忘れられません。

聴衆の方の多くが70代以降だったと思いますが、日野原先生はこの年代の方々にとって、大ヒーローだったのです。

90歳、100歳になっても現役で働き続け、頭も身体もしゃっきりとしていました。そして、多くの人の尊敬を集め続けていました。みんなそのように歳を取りたいと思っている、そんな憧れのヒーローなのです。

ところが、実際に70代、80代を迎えたとき、いざ100歳まで頑張ろう、100歳まで生きる準備をするぞ、と思ったとしても、残念ながら少々、遅すぎるのです。それは、健康面でも、仕事の面でも、資産の積み立てなどの金銭的な面においても、遅すぎると言ってよいでしょう。

私たち人間の心理には、双曲割引《そうきょくわりびき》という特質というか、仕組みがあります。これは、目の前のリスクについては非常に敏感であるにもかかわらず、遠いリスクについてはその存在を忘れてしまうのです。

50代、あるいは40代以下の人たちにとって、長生きリスクというのは遠い未来の話で、いますぐにリアルに感じるということは難しいのでしょう。

結果、気がついたら70代、80代になって、リスクの渦中にある頃にはすでに時遅し、なのです。

私が長生きリスクに気づいた理由

双曲割引のような特質があるなかで、私は老化リスクに備えて、さまざまな準備をしています。なぜ、私が比較的、人よりも敏感でいられるのかというと、私自身の生い立ちに原因があるのではないかと思います。

私は、4人きょうだいの末っ子に生まれました。両親や家族にとって、生まれの遅い子どもでしたので、自分の父母や叔父叔母らが、どんなふうに老いていく

のか、どんな疾患を抱えて、さまざまな不自由が生じるのかを目の当たりにしてきました。

その経験が、私に老化リスクへの警鐘となったのでしょう。

歳の離れた姉たちが就職したのは、1972年の男女雇用機会均等法施行の直前のことでした。非常に就職難だったことを覚えています。**就職に四苦八苦する姉たちを見て、私は必ず手に職をつけようと決心しました。**

また自分の親族が、80代後半から90代前半の年齢を迎えたときの容姿を見ていて、**これから誰もが長生きをする時代に、老いを迎えたときのリスクのマネジメントは、80代や90代から始めてももう遅いのだ**と理解しました。

少なくとも40代くらいから、遅くとも50代までに始めないと、とてもじゃないが対処できないと強く感じたのです。

長生きするには仕事を続けよう

50代くらいになると、私の周囲では、早い人はアーリー・リタイア（早期退職）

を選ぶ人が出てきます。

私はそういう人たちがうらやましいとはまったく思いませんでした。

確かに仕事をしてあくせくせずとも、資産や収入が十分にあるので、生活には困らないでしょう。

では毎日、何をやって過ごしているかというと、だいたい次の通りです。

・ゴルフ
・美食
・旅行
・別荘遊び

それくらいしかないのです。あまりにも暇で、YouTubeやネット・ニュースをたくさん見て、つまらないフェイクニュースや陰謀論に騙《だま》されかけたりしてしまいます。

もちろん、何にも束縛されずに、そういう暮らしをするのがゴールだと思う人がいるのは理解していますから、そうした生き方をすることは、尊重したいと思います。

しかし、残念ながら私にはそういう生き方は向いていないようです。

特に仕事については、若い頃は生活のため、自分が生きていくために、頑張って働かなくてはいけないと思っていました。

しかし、最近は、

生きるということは人の役に立つことであり、幅広い人の役に立つのには仕事がいちばんなのではないか

そう結論するようになりました。

そして、私にとって、社会のためにいちばん役立てることはなんだろうと考えたとき、

多くの人が頭の中でモヤモヤしているけれども、なんとなく言語化できてい

ないものについてこれを言語化し、わかりやすく説明すること
ということではないかと思っています。

ですから、私はこの本を書かせていただきました。

また、死ぬまで、少なくともボケない限りは、こうした仕事を続けたいと思っています。

仕事というのは、人の役に立ちながら相手から報酬をもらえる、という、ある意味、非常に優れた仕組みがあるのです。自分が生きていることの証にもなっていると言ってもいいでしょう。

ゴルフや旅行も面白いといえば面白いのですが、結局、自分からお金を払って楽しむものにすぎません。

金の切れ目が縁の切れ目、と言いますが、本当にお金が尽きればゴルフ仲間とはそれまで、なわけです。

また、仕事をしていると、オン・オフの切り替えが日々、あるということです。適度な緊張やストレスが、日々の生活に張り合いを持たせてくれます。仕事とい

う緊張の時間があるからこそ、たまの休みに旅行に出かけて息抜きをすることがより楽しめるというものではないでしょうか。

人生100年時代の幸せの条件

結局、私たちが100歳まで生きる、もしくはそれ以降も寿命が続くという、人生100年時代の常識を前提にすると、そんな時代に幸せに生きるためには、次の3点が大事になります。

その1　身体的リスクを最小限に抑え、はっきりとした頭と健康な身体で過ごす自由を持つこと

その2　金銭的リスクを抑え、一生の間、フロー収入の範囲で暮らせる自由を持つこと

その3　社会的リスクを抑え、家族や友達、そして社会と円満な関係を保ち、孤独にならないこと

このように、「身体的リスク」「金銭的リスク」「社会的リスク」といった3つのリスクをしっかりと管理する必要があるのです。

いわば、**人生100年時代の幸せの条件**は、この3つなのです。

こうやって箇条書きにしてみるとわかると思いますが、100歳という年齢で幸福に過ごそうと思うと、かなりの無理ゲーです。

でも、それを無理ゲーだと言って、避けてしまっているようでは、結局、大変な老後が待っているだけです。

自分が100歳を超えた頃、家族や友人に囲まれながら、なんと幸せな一生だったんだろうかと思いながらお迎えがくる。

それが、私のイメージしている最終ゴールです。

そして、そのゴールのためには、逆算して50年前のいま、このときから準備を

して老後を「構築」していく必要があると思っています。

小さい頃、「人生ゲーム」というボードゲームをやって友達と遊んだ、なんていう人も多いのではないでしょうか。

人生ゲームでは、億万長者になってリタイアするのが目標でしたが、残念ながら人生ゲームの筋書き通りにリタイアしたところで、その後、何十年と「老後」の日々が待っているのが、現代人に訪れた現実なのです。

本当に達成したい人生のゴールというは、やはり、死ぬ間際まで、自分が自分らしく生きているということ、それが自分にとって価値があると感じられるように最後まで生きられるということだと思います。

これからの50年、あるいはそれ以上に長い未来のリスクを、いかにマネジメントし、幸福を手に入れることができるか、ぜひ、本書を通じて私と一緒に考えていきましょう。

目次

第2章

長生きに伴う身体的なリスクをどう抑えるか

第3章

金銭的リスクは早めの対策がカギ

第4章

老化と社会的リスク

第5章 これからの年代別のリスクを想定していく

第1章

長生きのリスク・リターンを見極める

老化とは、死に至る慢性病である

老化は病気だと考える

まず、長生きということについて大きなリスクと大きなリターンがあるということを知りましょう。特にリスクの観点から見た場合に、健康面に関しては、残酷なようですが割り切って、

老化とは、死に至る慢性病である

と捉え直してみましょう。

平たく言うと、**老化は病気**なのです。

だからこそ、みんな老いることが嫌いですし、年老いることに対してものすごい恐怖心を持ってます。かかるかどうかわからないコロナウイルスよりも、絶対にかかる老化のほうが怖いのです。

どんなに強がりを言っても、私たちは日に日に老いていきます。現在、老いという病気には抜本的な治療手段はありません。少しでも病気の進行を遅らせ、あるいは多少なりとも元に戻すということを考えていく必要があります。

テロメアは「命の回数券」

生まれてから20代前半までの成長期では、細胞は活性化し、歳を取ることは成長することであって、身体的にはプラスに働いていました。

ところが、**20代半ばを境にして、私たちの身体のあらゆる機能は、穏やかに下り坂となっていきます**。身体の機能の衰えは、やがて心臓や肺、あるいは胃や腸、肝臓や腎臓、脳に血管など、各臓器に何らかの疾患として生じてきます。そして、それが原因となって、死を迎えるのです。ただし、その**老化のスピードはあくま**

でも緩やかなものです。とてもゆっくりで、**人によってスピード自体まったく異なる**ということも知っておくべきでしょう。

私たちの細胞にある染色体の末端には、**細胞分裂する際にミスコピーを防いでくれるテロメアという組織**があります。ミスコピーを防ぐということは、老化そのものを防いでくれる、長寿のもととなるような存在です。**命を守るガーディアン**のようなもので、私はテロメアのことを**命の回数券**と呼んでいます。

次章で、より詳しく述べたいと思いますが、暴飲暴食や喫煙、あるいは短時間睡眠などを繰り返すと、このテロメアはどんどん短くなってしまいます。結果、細胞分裂時にミスコピーが増えていき、がんや心臓病、脳卒中などの病気の確率が上がってしまうのです。

長生きすることのリターンは新しい経験を得られること

私たちは老化という死に至る慢性病を宿命づけられた存在です。

老化による死は免れられない以上、その進行を遅らせながら長生きのリスクを避けつつ、逆に長生きしたことによるリターンを享受すること。

そのようにして、人生のバランスを、より幸福の側へと傾けていくのです。

では、長生きをすることのリターンとはなんでしょうか。

長生きをしてよいこととはいったいなんでしょうか。

答えは単純です。つまり、

人生のさまざまな知恵や知識の習得や試行錯誤の結果として、人生をよりよく生きる経験値が増えていくこと

ということなのです。

経験して得られた知のことを「おばあちゃんの知恵袋」なんて呼ぶことがあると思います。人間に備わった学習システムというものは、実は、さまざまな試行錯誤によって、

失敗しながら学んでいくこと

しかできないのです。

トライ・アンド・エラーだけが人を成長させる

たとえば、小さな子どもが自分で水を飲むという行動をどのように学習をしていくか。まずどうやったらコップを掴《つか》むことができるかを、おぼつかない手と指で、何度も落としてしまったりしながら学んでいきます。

水を入れたコップから、こぼさないように口に近づけるにはどうしたらいいか。

コップを傾けて口に水を含ませるにはどうしたらいいか。

腕の曲げ方からコップの傾け方まで、ときには口の周りから着ている服までずぶ濡れにさせて、徐々にコツを覚えていくのです。

つまり**トライ・アンド・エラーを繰り返しながら、人はひとつの動作を覚えて**

いきます。

コップの例だとわかりやすいのですが、実はありとあらゆる学習が、同じ仕組みで成り立っているのです。さまざまに試行錯誤して失敗によって経験したもののなかから、成功を導き出していきます。

成功というのは、失敗があってこそなのです。

つまり、失敗を恐れて安易な道を選んだりするのは、安全かもしれませんが、何も学んでいないということと同じです。失敗しないように、人から答えを教えてもらっているようでは、考える力が身につきません。

その場、その場の一時的にはうまくいったとしても、結局、教えてもらった解でしかないので、応用が効かないのです。

長期的に見れば、失敗したほうがいいのです。失敗することで、初めて人は学び、その経験したことを知識として自分の糧にできます。

その意味では、**すべての人が歳を取ったから賢いのだ、というわけではありません。**こうしたトライ・アンド・エラーの経験をどれくらい積んでいるかが、重要なのです。

さまざまな失敗を恐れずに、試行錯誤を繰り返し、**自分の力で学んできた人だけが、賢くなっている**と言っても過言ではありません。

長生きのコストパフォーマンスを最大化する

逆に言えば、いちばん怖いのは失敗を恐れ試行錯誤もせずに本当の意味での学習をしないまま、死に至る慢性病である老化が進行し、どんどんと年老いていってしまうことなのです。

そうなると、老年期には、本当の学習をしていない頭と、年老いた身体だけが残されるわけです。そのため、歳を取ることのリスクとリターンが見合わなくなってしまい、リスクばかりが増大してしまうでしょう。

私たちは、日々、少しずつ歳を取るというコストを支払う代わりに、毎日何らかの新しい体験をするというメリットを享受しています。

長生きリスクをマネジメントしたいと思うならば、**毎日払っている老化としてのコストを、まず最小限にすること。**

そして、**そのコストに対するリターンを最大限にすることが**必要です。

この新しい体験を通じて学ぶことは、年齢を重ねる際の幸せな経験のひとつだと思います。ちゃんと**経験を経験値として積み上げることができないと、ただ長生きをして、代わり映えのない退屈な毎日を過ごすだけになってしまうのです。**

つまり、

長生きすることのコストパフォーマンスを最大化していくこと

これが長生きのリターンを上げるものであり、そのためには、私たちの長生きリスクをきちんと適切にコントロールする必要があるのです。

長生きリスクを考える

「老害」は長生きリスクなのか？

老化というと、私たちはつい身体的な面ばかりを注目してしまいます。しかし、もっと怖いのは、身体よりも**その中身の老化**のほうです。

つまり、**価値観や感性の老化**です。

もしくは、**知覚や認知の老化**、と言ってもよいでしょう。

私たちの社会というのは常に前進しています。10年前、20年前に比べて、ありとあらゆることがよくなっています。

多様性を尊重することや人権、人間の尊厳に対する価値観に対する老化は、最も典型的なものでしょう。ひと昔前だったら当たり前とされていたような発言や冗談も、今日ではパワハラやセクハラとされます。

私たちがなぜ、ある程度、年齢のいった人たちと話が合わなくなるかというと、こうした価値観が違いすぎるからなのです。

そこには、老化の問題も大きく関わっているだろうと私は考えています。

日本オリンピック委員会の臨時評議員会の場で、森喜朗さん（当時、東京オリンピック・パラリンピック大会組織委員会会長）が、女性に対して「発言が多すぎる、わきまえていない」などという無防備な失言をしたことで、会長職を辞することになりました。みなさんも記憶に新しいことと思います。

私は、その後の釈明記者会見をたまたまリアルタイムで、テレビでずっと見ていました。

本人は何が悪いのかさっぱりわかっていない様子で、「謝れと言われたのでとりあえず謝っている」感が満載だったのです。

私は、森さんの肩を持つわけではありませんが、正直、気の毒だ、とも思いました。これまでの経験や業績を買われ、さまざまなスポンサーからお金を集めるために会長となり尽力してきたのです。

「老害」と一言で片付けてしまえば簡単な話ですが、会長としてさんざん、使われたあげくに、1回の失言であれだけ糾弾されたのですから、たまりません。

しかし、これも価値観の老化といえば、そういうことだと思います。

ティーグラウンドで立ち小便するメイワク高齢者

私はゴルフをよくやりますから、自分のクラブのオープン・コンペや他クラブに1人で予約を入れたときには、さまざまな高齢者の方とお会いすることがあります。

正直に言えば、そうした**高齢者のなかには、この人とはもう二度とゴルフをしたくないなというひどいマナーの人が稀《まれ》にいる**のです。もちろん若い人のなかにもそういう人はいますが、大概は高齢者である確率が高いのです。

いったいそれはどうしてなのか。

ゴルフのマナーも年々、進化していますので、昔よりもずっとマナーには厳しくなっているのですが、そうした変化についていけず、マナーを守れない高齢者が増えているのではないかと思います。

プレーヤーの前に出ない、前の組に打ち込まないなどというのは、最近ゴルフを始めた私にとっては当たり前のことなのですが、30〜40年も前に始めた人たちにとっては堅苦しいルールなのでしょう。

こうしたある種のコンプライアンスを守る気配が、このような人たちにはまったくないのです。

さらに、いちばん私が驚いたのは、ティーグラウンドの横で**80代くらいの男性が立ち小便をした**ときでした！

「これから小便するから」と言われたときには、私は聞き間違えたのかなと思ったのですが、本当にそこで立ち小便をしてしまったのです。

正直、私はその光景が、トラウマになりそうです。

自分のメンバークラブなのに、もうそのティーグラウンドには立ちたくありませんし、違うクラブの会員権を買おうかと思ったくらい、衝撃的な出来事でした。

もちろんすべての80代男性が、こんなかたちでゴルフのラウンドを回っているとは思いません。また、その男性は高齢で足も悪いため、尿意も我慢しづらくなっているうえにトイレに行くのも大変だったことも、重々理解しているつもりです。それでも大変失礼ですが、**嫌なものは嫌**なのです。
これはもう**生理的な嫌悪**なので、私にはコントロールしようがありません。

老化は死へのサイン

私たちは生きていくなかでさまざまなことをリスクとして考えています。しかし、そのなかでも、**「自分はいつか死ぬ」**ということは、どこか頭の片隅に置いてあり、かつ人生で最大のリスクのひとつとして考えているものでしょう。

とはいえ、私たちは普段、健康的に生活を送っていられるうちは「自分はいつか死ぬ」という事実を、そこまで意識することはありません。

ところが、**高齢者に出会ったとき、そのさまざまな言動から、いつか自分もそうなるかもしれない、死ぬかもしれないというようなことを考えてしまう。**

死へと向かっているという事実を目の前に見せつけられるために、そうした**高齢者を見るとつい嫌悪感を感じてしまう**のかもしれません。

私は仕事をするときには、サンマルクカフェやミスタードーナツなどのチェーン店で、お茶を飲みながら仕事をするのが好きです。

しかし、同じサンマルクカフェであっても、地元の住宅街にある店舗に行くのと、銀座の店舗に行くのとでは大違いです。

それは何かと言うと、店内の客の高齢者比率がまったく違うということです。

平日の**住宅街のサンマルクカフェですと非常に高齢者比率が高く**、52歳の私は「なるほど、私もその一員なのか」と思ってしまいます。

ところが、同じ時刻の**銀座のサンマルクカフェとなると、私が最年長くらいで、周囲の客は若い人ばかり**です。そんななかで仕事をしていると、「まだまだ自分は、若い仲間と一緒にお茶が飲めるな」とか思えてきますから、頭から「死」を意識することが少し遠ざかります。

長生きリスクは3つある

私たちは100歳まで長生きすることを前提とした時代、つまり今日の人生1

00年時代を生きる場合には、とりわけ70〜80歳を超えたときに、次の3つのリスクに対峙《たいじ》しなければならなくなります。

その1　身体的衰えのリスク
その2　金銭的収入減のリスク
その3　社会的つながり減のリスク

プロローグでお話しした「身体的リスク」「金銭的リスク」「社会的リスク」がこれにあたります。

そして、これらのリスクはそれぞれ独立した事象ではあるのですが、相互に絡み合って、お互いのリスクを加速させていく性質を持っています。

それぞれのリスクについては、あとの章で詳しく説明するとして、この章では、その概要について、お話ししたいと思います。

長生きリスクその1 身体的衰えのリスク

身体が衰えると遠出もできなくなる

まずはその1の**身体的衰えのリスク**からです。

先ほど、銀座のサンマルクカフェは若い人たちが多いという話をしました。

逆に、なぜ、都心のサンマルクカフェに高齢者が少ないのかを考えみると、その理由のひとつには、そもそも働いていないので通勤して繁華街まで来る必要がないからということもあります。

ただ、もっと言えば、自宅から都心に来るまでの、電車なりバスなり自転車なりの移動のために**肉体的な負荷がかけられない**ということもあるでしょう。

私は40代半ばまで、都内の移動ならば、いつでもどこでも自転車を使っていました。しかし、**40代後半になるにつれて、膝に水がたまるなど、典型的な中高年の症状が出てきた**のです。

そのとき、私は改めて身体的なリスクを感じ、自転車の利用は最小限に抑えることにしました。そして、より**膝に負担がかかりにくい電車やバスなどの公共交通と徒歩移動を中心の生活に切り替えた**のです。

階段の上り下りや徒歩移動には、まったく支障がない程度に膝は治りましたので、いまのところ、なんの苦もなく都心まで出ていくことができます。

仮にこれが**もっと膝が悪くなっていけば、自分の行動範囲は狭まってしまっていたでしょう。銀座のサンマルクカフェまで出てくることもおっくうになっていた**に違いありません。

下半身の筋肉は加齢とともに減少しやすい

ある日、ゴルフコンペでたまたま知り合った人が、大人の体力診断サービスというものを行っていたため、私もそれを受けてみることにしました。身体反応スピードや身体のぐらつき、握力などを調べるものです。みなさんも小学生や中学生の頃、簡単なものを一度はやったことがあると思います。

私はBプラスということで、惜しくもAは取れませんでした。しかし、一応、このままいけば、90歳になっても自分の足で歩くことにはまったく問題ない状況だという診断が出ました。

この体力診断サービスの判定は、かなり辛口に作ってあるとのことですので、Bプラスでも十分な結果だとのことでした。

人間の体力というものは、体感としても30代後半をピークに、緩やかに降《くだ》っていくものです。私自身も、ゴルフを始めたばかりの10年前は、ドライバーで簡単に200ヤードくらい飛んでいました。しかし、いまはどんなに頑張っても180ヤードくらいがせいぜいのところです。

次ページの図は、老年医学会の学会誌『老年医学』に掲載された論文の図です。

加齢による筋肉の衰え(部位別)

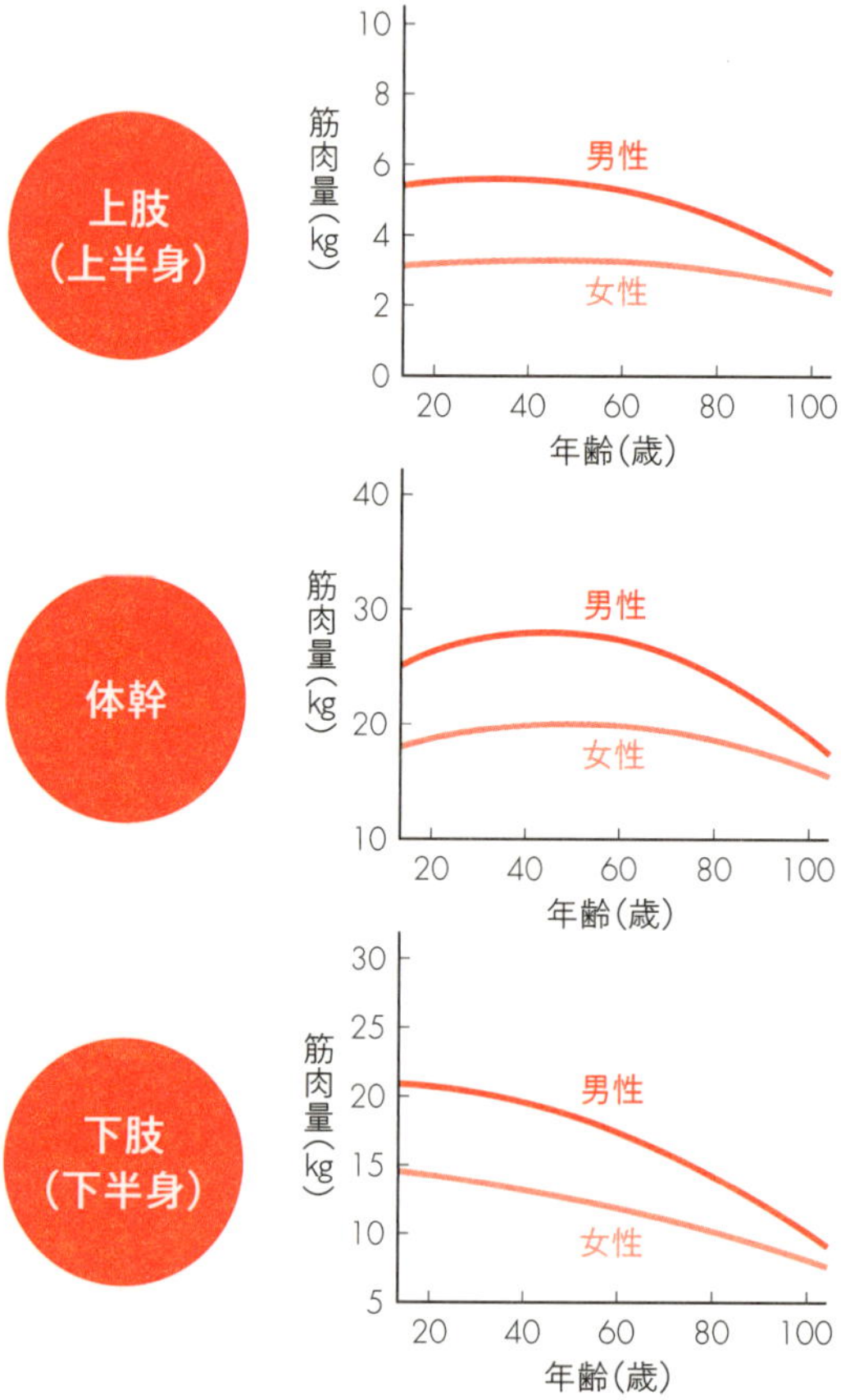

(出典：老年医学 .2010; 47: 52-57. また、以下の URL を参考のうえ作成。https://gooday.nikkei.co.jp/atcl/report/15/071300026/042500099/?P=2)

日本人の筋肉量が加齢とともにどのように変化するか、身体の筋肉別に調べたものです。**男性も女性も、50歳を過ぎれば筋肉量はどんどん減少していっているの**がわかります。

なかでも、**体幹や上肢（上半身）に比べて、下肢（下半身）の筋肉は20歳以降の衰えが著しいのがよくわかる**と思います。

ですから、下半身の筋肉を維持するために、意識的に散歩やスクワットをしなければならないのです。

認知能力は衰え知らず

先ほどの体力診断サービスですが、別の診断で、コンピューター画面を見ながら、出てくるアルファベットや数字を推測して、その正確性やスピードを判定する検査を受けたことがあります。この診断では、10代後半並という数値を叩《たた》き出すことができました。

身体的には衰えがあるものの、頭の認知的な能力に関しては、いまのところ特に目立った衰えがないというのは、朗報といったところでしょうか。

身体的衰えのリスクは、老化が人間について回る、死に至る慢性病であるからこそ、人生の最後まで回避することは不可能です。それは、人間も含めた動物すべてがいまのところ、みな死すべき定めの存在だからです。

しかし、**その老化スピードをコントロールすることは可能**です。

老化スピードをうまくコントロールしながら、頭だけは柔軟に保ち、身体的な衰えを経験と知恵でカバーしながら歳を重ねること。

これが、長生きリスクのうち、身体的な衰えのリスクへの対処法と言えるでしょう。

長生きリスクその2 金銭的収入減のリスク

終わる年功序列社会

次は、2番目の**金銭的収入が落ちるリスク**です。

いまでも多少、その慣例は残っていますが、かつての日本は年功序列が当たり前で、歳を取るとともに収入も上がっていく時代でした。

この時代は非常に長かったのですが、現在は新卒から入社年数が経過したとしても、大した昇給は望めない時代になっています。**自分でしっかりとしたスキルアップや転職、独立などを重ねないと、一向に収入は増えません。**

その反面、年功序列システムが崩れたということは、逆に個人事業主にとっては、インターネットなどを駆使してさまざまな方法で小規模ながら事業を起こすことができるようになりました。

また、それにつれて年齢差別もだんだんとなくなってきました。そのため、本人の希望と覚悟、そして戦略さえあれば、本当に頭や身体が動かなくなる、死に至るその直前まで、現役の仕事を行うことだって可能になったのです。

なぜ定年リタイアしなければならなかったのか

そもそも、なぜ私たちが定年というリタイア目標を定めていたのかと言うと、60代後半から70代にさしかかるにつれ、いわゆる**定年後の年齢には身体があまりよく動かなくなる**ということが懸念されていたからです。

また、企業勤めの方の多くが、通勤の大変さや思い通りにならない上司と部下らとの軋轢《あつれき》、取引先からの無理難題など、数多くのプレッシャーによって仕事の自由度は著しく低いことに原因もあるでしょう。

そのストレスから仕事は面白くないものと考え、**定年を迎える頃にはもう限界、定年後は仕事をやめたい**、と思う気持ちも重なっていると思います。

しかし、**仮に定年後も自由自在に頭も身体もよく動き、さらに仕事も楽しければ、わざわざ定年だからと仕事をやめる必要もない**のです。勝手に「定年」なんて年齢の区切りを作る必要はありません。

むしろ、定年後のほうが、これまでの経験や知識の蓄積を生かして、社会に貢献し、楽しく仕事ができるようになるでしょう。

将来、よい変化が期待できるほうが幸福感は高まる

では**年金生活における最大のリスク**とは何かというと、月々の収入は増える見込みがほとんどないということです。つまり、**よい変化が期待できない**のです。

私たちは、そもそもどういうときに幸せを感じるのかというと、現状よりもよい生活が手に入るという希望がある、そうした希望が感じられるときにより多幸感が強まるようになっています。

人類の進化を考える進化人類学という学問や心理学の研究蓄積からわかってき

たことなのですが、私たちの生体には、安定した状態に保とうとするホメオスタシスという性質があります。恒常性とも訳されますが、これは逆にいえば、一度得た幸せな状況や環境にはすぐに適応し、慣れて不感症のような状態になってしまうことを意味しています。

だからこそ、**より高みを目指しよい生活を送ろうと努力を積み重ねてきたことが、今日までの人類の発展と進化につながっている**のだそうです。

ですから、**多少収入が低かったとしても、その後に増える見込みがある**ときのほうが、**安定した収入があるけれどもこれ以上増える見込みがない**ときよりもずっと幸せを感じやすいのです。

この意味で言うと、**年金生活の問題点は、必ずしも収入は潤沢ではないうえに、さらに増えていく見込みがない、ということ**なのです。

そのため、収支の差分については、これまでの蓄えを少しずつ切り崩して使うことになります。自分の資産がだんだんと目減りしていくのを好ましいと思う人はどこにもいないでしょう。

フローの現在価値のほうが重要

私は**「生涯の財産」**ということをよく考えますが、金融資産というのはあくまでもそのときのストックを指すものにすぎません。

これはよく言われていることですが、金融資産よりも、その人がどのくらい、将来お金を稼ぐことができるかというフローの現在価値のほうが、資産面で言うと実はより重要なのです。

つまり、年金生活の問題は、フローの現在価値が一定の数値に決まっており、それ以上まったく増えようがない、ということなのです。

増えないフローのなかでなんとか暮らそうとすると、多くの人は保守的になります。節約、切り詰めばかりで、お金を使わなくなります。

あまりお金のかからない公共のスポーツクラブや図書館に、老後になって高齢者が殺到するのは、そのためなのです。

もちろん、ある程度、フローがあるなかで、節約をするためにそのような安上がりで済むところを活用するのは、**自由に自分で選択した結果なので楽しい**のですが、初めから選択肢がなかったらどうでしょうか。

それしかできない、自分では選べないということはストレスでしかありません。大変、苦痛なことです。

金銭収入減のリスク対策は、若いうちのマネジメントが大事

もし、自分の稼ぐ能力が年を経るごとに衰えないどころか、だんだんと経験を積んでいき、逆に上がっていくのであれば、長生きをすることのリスクは少なく、むしろリターンの多い、好ましい状況だと言えるでしょう。

歳を取ること自体が、歓迎すべきことになります。

このように長生きリスクを避け、長生きリターンを享受するためには、どんな収入体系を作っておけばよいのか、30代〜50代の間が勝負と言えるでしょう。30代、40代、50代とやっておかなければいけない長生きリスクへのマネジメントが、そこにはあるのです。

長生きリスクその3 社会的つながり減のリスク

歳を取れば取るほど若い人から敬遠されるもの

次は、3番目の社会的つながり減に対するリスクについてです。この社会的リスクについては、意外と警戒している人は少ないのではないでしょうか。

身体的リスクについては、本人の予防措置や努力次第でどうともなりますし、金銭的な部分では健康保険だってあります。また、金銭的リスクについては、一応、最低限のレベルは、国が年金というかたちで保証してくれています。

しかし、社会的なつながり、人間関係の構築については、残念ながら政府は何も保証してくれません。人間関係は、本人の努力ももちろん必要ですが、相手もあることですから、それだけではだめでしょう。

また、私たちは高齢になればなるほど、若い人たちからは敬遠されがちだということについては、十分に自覚する必要もあると思います。

老化は前頭葉を衰えやすくする

老化の大きな問題は、何も筋力の衰えといった体力的なことだけではありません。脳には**認知や思考、判断し行動する機能を司る前頭葉**という領域がありますが、歳を取ると特にこの部分が衰えやすくなるのです。

前頭葉の大部分は前頭前野《ぜんとうぜんや》と呼ばれる領域で、人間の大脳のうち約30%を占めています。この領域は、

「考える」
「記憶する」
「アイデアを出す」
「感情をコントロールする」
「判断する」

「応用する」

といった、人間が人間らしくあるための重要な働きをしています。

この前頭前野を含む前頭葉が衰えるということは、**もの忘れが増えたり、思考能力が低下したり、感情のコントロールが効かなくなるので、キレたり、感情的になったり**します。

保守的になる老人たち

なかでも社会的なリスクとして問題になるのは、**やる気の低下**でしょう。さまざまな社会事象に対する興味も薄れてしまい、**考え方はアップデートされません。**若い人たちにとって、**そんな頑固で保守的な年上の人間と付き合うメリットはありません**から、当然、新しい付き合いもなくなるでしょう。

結果、年老いた人たちは、同世代の人間たちとばかりつるむこととなりますが、同世代の人たちも同じように年老いていています。

亡くなってしまったり、病気になったりする人も増えてきますから、新しい付き合いができない人は、**老後の期間が進むにつれ、どんどん孤独**になっていきます。**同世代の人としかつるめない高齢者というのは、若年層の人たちには魅力のない人たちです。**そういう人たちがつるんでいるわけですから、ある意味、魅力のない人たちの集まりでしかない。

社会的なつながりとしては、代わり映えもせずに面白くもない。

そして、自分もその一員と思われているということで、**自己肯定感も下がってしまう**でしょう。

仕事を続けることがカギ

それでは豊かな社会的つながりを保つにはどうしたらよいか。

その最良の方法のひとつは、私は仕事だと思っています。定年後の年齢になっても仕事を続けていられる人は、みんな生き生きしていますし、人間付き合いも自分の同世代だけに限らず、若い人と積極的に交流をしている人が多いものです。おそらく、そうでなければ定年後も生き生きと働くことは難しいのでしょう。

たとえ、仕事ではなくプライベートで会った人でも、仕事の話をしてくれる人は高齢者であってもとても魅力的です。

また、高齢者であっても社会に貢献し、対価として金銭を得るには、それなりの魅力を保っていないと実現できないことだと思います。

長生きをすることのメリットのひとつは、若い人に比べて、これまでの経験や蓄積が多く、経験値として自分の資産となっていることでしょう。しかし、そんな資産もうまく生かせなければ意味がありません。

結局、社会的に興味を持たれず、孤独を抱え、最悪な場合、孤独死なんてこともざらにあることだろうと思います。

3つのリスクへの対策は早すぎることはない

このように、長生きリスクを最小限に抑え、魅力のある高齢者になるということを、人生のひとつの目的とするのもよいでしょう。

そんな目標を立てて、**100歳までの人生を組み立てるということは、ある意**

味、30年計画、40年計画といった長期的な視野が必要になってきます。

みなさんも高校・大学を卒業する際に、どんな40代、50代を迎えるか、キャリア形成を思い描いただろうと思います。

いま40代、50代の人は、自分がどんな80代、90代を迎えるのか、しっかりと人生を設計し、そこに向かって毎日、積み上げていくのです。

身体的、金銭的、社会的といった3つのリスクについて話してきました。こうしたリスクに対する自覚と対処は、早ければ早いほどいいでしょう。

本書を手に取ってくださったみなさんは、これからの30年、40年後の未来の生活をより最適化するために、いまから何をすべきなのか、身体的リスク、金銭的リスク、社会的リスクという3つの点を一体として考えていってほしいのです。

時間割引率をコントロールする

未来のことをちゃんと考える能力

これまでお話ししてきたような、3つのリスクからなる長生きリスクを克服するためのヒントをお教えしたいと思います。

そのためには、なんと言っても、

時間割引率のコントロール

というものが重要になります。

簡単に言うと、そのときは楽しいけれども、後になって困ってしまうようなこと、たとえば過度の飲酒のような行動を、極力、自分の人生から削っていくことが、リスクヘッジにつながるのだと思います。

時間割引率という言葉を初めて聞いた、という人も多いかもしれません。

時間割引率は、**時間選好率**とも呼ばれますが、ある報酬の将来の価値を、現在の価値よりどれだけ低く感じられるか、時間による割引率で考えることを指しています。

多くの人は、将来の報酬を現在の報酬よりも割り引いて考えています。その**割引率が低ければ低いほど、将来の報酬を得るまで我慢ができる**ということです。

つまり、**時間割引率が低い人ほどセルフコントロールができる人**で、**時間割引率が高い人ほど衝動的な人**ということになります。

時間割引率が高い人は依存症になりやすい

時間割引率を生活習慣に置き換えてみるとどうでしょう。

たとえばお酒を飲む人やタバコを吸う人、BMIが25を超えるような肥満の人、あるいは消費者金融で慢性的に借金をするような人というのは、時間割引率は高い傾向にあるということです。

ニコチン依存やアルコール依存、ギャンブル依存、薬物依存といった**依存症の人ほど、目の前の報酬を選択しやすく、つまり時間割引率は高い**のです。

他方で、**健康で長生きし、幸福度が高い人は、時間割引率が低い**傾向にあります。時間割引率というのは、目の前のことだけではなく、将来を含めた長い期間をいかに最適化するかという能力に関わっています。

過去の経験や知識の蓄積を生かしながら、未来をしっかりとイメージし、将来困らないように、準備することを楽しむ才能をきちんと育成していくことが大事です。

時間割引率は努力次第で誰でも低くできる

そもそも私たちは、**時間割引率は生まれつき低かったわけではありません**。赤ちゃんや子どもの頃には、やはり目の前のことで精一杯ですから、時間割引率は高いのが普通です。

しかし、学習や体験を通じて、だんだんと将来のことをイメージできるようになり、時間割引率を自分でコントロールできるようになっていくのです。この学習の過程で、結局、歳を取ったときに時間割引率が高くなる人と低くなる人の傾向は、はっきりと分かれてしまいます。

大事なことは、私たちは長生きするとともに人間的な考え方を成熟させることなのです。それを通じて、時間割引率もより低くできるようになるのです。

そのためには、過度に他人に依存することなく、自分自身の頭でものを考え、自分自身の能力を育成していく必要があります。

もちろん、これは社会から隔絶して孤独に頑張れ、という話ではありません。適度に社会的につながりながら、さまざまな人と協力し合う。そんな人的ネットワークのなかで力を発揮できるように、自分を育てていくのです。

将来のことを考えた「意識高い系」になる

もちろん、どんなにさまざまな準備をしたとしても、運が悪ければ早死にしてしまうこともありますし、金銭的な失敗をすることだってあるでしょう。

しかし、**さまざまな経験や行動習慣、思考習慣を積み重ねることで、その確率を下げることはできる**のです。毎日しっかりと運動し、食物繊維の豊富なものや十分なタンパク質を摂り、加工食品はさほど摂らない心がけの人は、認知症になりづらく、生活習慣病にもなりにくいという研究結果は、さまざまなところで発表されています。

しかし、そうした努力をしたとしても、心臓病やがんにかかるリスクを、完全にゼロにすることはできないでしょう。

遺伝性のものもあれば、生きている以上どうしたってストレスはつきものですから、ストレスが原因でなるものもあります。

しかし、まったくなにもやらないよりも、できることからなるべくやったほうが、同じ結果になったとしても、私は後悔が小さくなると考えています。あれだけ気をつけていても、病気になったり、事故にあったりしてしまうものなのですから、それは仕方ありません。

ときどき、人生を謳歌《おうか》するということは、一瞬一瞬を楽しむことだ、なんて言い方をする人がいます。それもひとつの真実だとは思います。

しかし、人生100年時代に私たちは生きていることを考え、これまでお話ししてきたことを加味するならば、結局、人生を楽しむということはその場その場を楽しく生きるということではないのです。

長い老後が待っている今日において、期待されるこれからの自分の人生のロードマップに向けて、自分ができることを十分に行い、ベストを尽くして、よりよい自分を作り上げていくことなのではないでしょうか。

こんな話をすると、方々から「意識高い系」と揶揄《やゆ》されることがよくあります。けれども、他人に迷惑をかけない限りは、「意識高い系で上等！」でよいと私は思います。そのほうが、より楽しく、よりよくなっている自分、上手に歳を取っていける自分を、大好きになれるからです。

長生きリスクをボーナスステージと考える

せっかく与えられた、ただ一回しかない人生です。しかも、いま現在を生きている私たちは、人生80年時代だったのが、20年も延びて人生100年時代を生きられるようになっています。

つまり**すごいボーナスがついているような時代**です。よく、100歳まで生きるのは嫌だ、長生きするのは大変だ、早く死にたい、なんて言っている後期高齢者の方もいますが、せっかくのボーナスをそんなふうに捉えてはもったいないと思いませんか？

20年寿命が延びたというボーナスを無駄に消費してしまったり、マイナスに考えてしまったりするのではなく、よりプラスに捉えるべきでしょう。

どれだけ人生100年間、もしくはそれ以上の時間を最大限、活発に楽しく生きられるのかということを考え、実践すれば、まだまだやるべきことはたくさんあります。50代、60代になっても新しいことにたくさんチャレンジできて、人生を楽しむことができるはずです。

それは、長生きするために「高いサプリメントを飲む」とか、「専属の栄養士やパーソナルトレーナーを雇う」という話ではありません。

自分の生活水準に合わせた、無理なく続けられる範囲のことをやり続けること。自発的に努力し続けることは、まさに死ぬまでの間、ずっと活力を失わずに過ごせるようにできることにつながるのだと思います。

能動的に長生きリスクをコントロールするということは、つまり、より幸福になるための確率を高める生き方なのだと思います。この確率が高いことを、世間では、「運のよい人」と呼ぶのかもしれません。

つまり、幸福を掴む運は、自分の心がけ次第で高めることができるのです。そのためには、いまの自分の考え方や習慣を見直し、改善していかなければなりません。みなさんも、本書を通じて、自らの力でより運のよい人生にするために、一緒に組み立てていきませんか。

こう考えると、**長生きはもはやリスクではありません。上手にマネジメントすれば、それはチャンスになります。**ゲームでいえば、**ボーナスステージ**です。

人生100年時代のチャンスを掴む

明らかに生じてくる身体的な衰え、あるいは前頭葉の衰えなどは、わかっていれば、予防することも衰えを軽減することもできます。

また、きちんと資産面の人生設計を早いうちに行っておけば、長生きすることでむしろ資産を増やすことも可能です。

そして、人生の時間が増えたぶん、まだ見ぬ新しい友人たちとの出会いのチャンスだって広がるはずです。

身体的にも金銭的にも社会的にも、むしろ長生きしたほうがいいと思えるようなことが、いっぱいあるはずです。

ただし、それはただ単に待っているだけでは、達成できません。長生きリスクを克服し、チャンスに変えるための考え方や行動の変革が必須となってきます。

しかし、それは、日々の生活のなかで、習慣化し学習することで、比較的容易に達成できることばかりだと私は思います。

長生きすることを怖がらずに、それを上手にチャンスに変えていく方法を、次章以降、一緒に考えていきましょう。

第2章

長生きに伴う身体的なリスクをどう抑えるか

わかってきた老化のメカニズム

身体的リスクは最優先に対処

長生きに伴うリスクには身体的リスク、金銭的リスク、社会的リスクという3つのリスクがあることを説明しました。本章から、この三大リスクとも呼ぶべきものを、それぞれひとつひとつ取り上げていきたいと思います。

この3つのリスクのなかでも、**最もリスクマネジメントの優先順位が高いのは、やはり身体的リスク**だと思います。

金銭的リスクは、日本で暮らしている場合には、年金をはじめとして何らかのかたちで保障されています。最悪の場合には、生活保護だってあります。

しかし、身体的リスクが生じてくると、人と会うこともおっくうとなり、また入院や介護などで周囲に負担もかかってきます。つまり、社会的リスクまで生じてくるのです。

身体的リスクは他のリスクを誘発する

前の章では、私たちがなぜ、自分よりも年上の人たちと付き合うことを好まないのかというと、自分たちが確実に老いの先に死へと向かっていることを連想させるからだ、と説明しました。だから老いをイメージするのが嫌なのだ、ということです。

しかし、老いた年上の人と付き合うのは嫌でも、逆に**若々しい年上の人と付き合う**と、自分たちが歳を取ってもそうなれるのではないか、という期待も生じてきます。かえって**年上の人と付き合うことが好ましいと思うようになる**場合もあるのです。

身体的なリスクを避けることが、金銭的にも助かるのはもちろんのことですし、社会的なつながりも維持できるので、3つのリスクのなかでは、**身体的リス**

クというものは、対策すべき筆頭のリスクとして考え、管理しなければなりません。

老化は治療できる病気である

長生きリスクの最大のひとつは、老化です。人間はいまのところ、死ぬ確率は100%です。これまで世の中に生まれてきた人は全員、死んでいます。人類が誕生してこのかた、ずっと生きているという人は存在しません。

ところが、近年では歳を取ることと老化することとを切り分け、「老化は病気である」と認識して、その原因を突き止め治療しようという試みがなされています。

たとえば世界中で話題を呼んだ書籍『LIFESPAN(ライフスパン)老いなき世界』(東洋経済新報社)という本があります。

ハーバード大学医学大学院の遺伝学の教授でもあるデビッド・A・シンクレアとジャーナリストのマシュー・D・ラプラントによる本書では、著者らは「10

0歳になっても、現在の50歳なみの活動レベルを保てる時代がやってくる」と断言しています。

現代科学・医学によって、老化の真の原因が解明されてきており、老化を「治す」方法や化学物質が次々と発見されているのです。

前章でもお話しした通り、老化の原因となるのは細胞分裂の際にミスコピーが生まれること、テロメアが短くなることでした。

老化のメカニズム、プロセスがわかってくると、老化という現象は、実にありふれた「病気」であり、「治療」ができることもわかってきました。具体的には、次の物質が、老化に作用し、人間の寿命を延ばすことに働きかけることが明らかにされています。

・ラパマイシン（臓器移植などの際に、免疫反応を抑える）
・メトホルミン（糖尿病の治療薬）
・レスベラトロール（赤ワインに含有される抗酸化物質）
・NAD（ニコチンアミドアデニンジヌクレオチド）

・NMN（ニコチンアミドモノヌクレオチド）

こうした製薬や化学物質は、まだそれぞれ別の病気の治療薬として処方されており、具体的に老化の治療に使われているわけではありません。

残念ながら、こうした研究が完成し、製薬会社から具体的な治療薬が出るのは、おそらく早くともいまから10年後、もしくは20年後くらいになるでしょう。**今日明日にそんな画期的な薬が出るわけではありません。**

ですが、**老化を食い止めるためには、現在わかっていることでも、できることは多い**のです。細胞分裂によるミスコピーや細胞の劣化が老化の原因であるならば、これを防ぎ、細胞を活性化すればよいのです。

本章では、こうした身体的リスクに関する対処法、いますぐにでもできる対策法をご紹介します。

老化を防ぐ食生活を身につけよう

余命は見た目でわかる

健康で長生きする方法について言えば、もちろん食生活が重要なことは言うまでもありません。食生活の内容も大事なのですが、まず心がけてもらいたいのは、

食べすぎないこと
空腹の時間をしっかりとること

この2点がまず大事だということがわかってきています。
動物実験でも、人為的に空腹のマウスを作り、そうでないマウスと比べてみる

と、通常よりも長生きすることがわかっています。

また、日本人の寿命が、欧米人に比べて長いのも、日本人の摂取カロリーの総量が少ないからだろうと考えられています。

こうした話をすると、「空腹でつまらない生活を送りながら、長生きしても仕方ないのではないか」と思う方もいるのではないでしょうか。活力や気力が失われて、痩せぎすになり、雰囲気も弱くみすぼらしく見えてしまう。そんな声を聞くのですが、これは間違った考え方です。

むしろ、**うまく食欲をコントロールし、食べる量を調整すれば、細胞の不活性を予防し、見た目は若々しく健康的でいられます。**

逆に暴飲暴食をしていれば、いつまでも若々しいというわけにはいきません。欲望のままに食べていれば、ＢＭＩ値も高くなり、肥満が進み、内臓などの病気の誘因になります。見た目も明らかに不健康なものに映るでしょう。

人間の余命を判定するときには、見た目というのは非常に相関関係が高く、実年齢よりも見た目の年齢のほうが余命の予想が立てやすいものです。

つまり、若々しい人ほど長生きをする、と言ってもよいでしょう。

この意味では、過度なカロリー摂取は避けて、適正体重を維持できるような食生活を送ることが、長生きリスクのマネジメントにも役立つのです。

カロリーの摂りすぎが老化の要因

食べ物については、長生きリスクを軽減するには、何を食べればいいのかという点も徐々に、さまざまな研究でわかってきています。

とりわけ、老化を防ぐためには、食べないほうがよい食べ物が明確にわかってきていると言えるでしょう。

それは何かというと、いわゆる「超加工食品」と呼ばれるような、工業型工場で作られたものです。

そうした食品のなかには、次のような成分が大量に含まれています。

①果糖ブドウ糖液糖
②パーム油などの植物油脂

この2つがなぜ身体に悪いのかというと、どんな食べ物も美味《おい》しく変えてしまう、「魔法の添加物」だからです。

私たち人類は、原始的な生活を営んでいた太古の時代、狩りなどがうまくいかなければ、たびたび食料不足に見舞われました。

頻繁にやってくる飢餓状態のために、人類の祖先は、食料について真剣に探して希求し続けたため、**「カロリーが高いものは美味しい」と認識できるように、プログラミングされ続けた**のです。

カロリーの高いものをなるべく摂るようにしてきたグループだけが生き残ってきた結果、私たちは目の前にカロリーの高いものがあると、とてつもない美味しさを感じ、「食べたい」という欲求に駆り立てられ、飛びついてしまう傾向にあります。

たとえどんなにお腹がいっぱいであっても、目の前にケーキを出されると、もうそれは「別腹」です。太古の時代からの生存戦略で、原始的な心の部分が大喜びするのです。食べればもちろん美味しく感じてしまいます。

ブドウ糖と植物油脂は、カロリーが高くて美味しい、その最たるものなのです。極端な話、ローカロリーだけれども、不味《まず》くてとてもじゃないけれども食べられない、といったものをたくさん販売したいと思うなら、この2つの成分を添加してあげればいいのです。

それはまるで、ドラえもんが四次元ポケットから取り出してくれる未来の道具のひとつ、「味のもとのもと」のようなものです。

ジャイアンの激マズな料理ですら、美味しくしてしまう魔法の調味料は、現実に存在していたし、実際に私たちの周りにはこれでもかと溢れているのです。

この2つが含まれている食品を食べ続けると、自動的にカロリーが増して、過食につながります。ですから、私はスーパーマーケットやコンビニエンスストアで、食べ物を買うなら、基本的には**バーコードがついた食品を買うのは避ける**ことを推奨しています。

どうしても、バーコードのついた食品を買わなければいけないときには、裏をひっくり返して、成分表示をちゃんと確認します。そして、この2つの添加物が含まれているときは、棚に戻すようにしています。

各家庭で、野菜や豆、肉から料理を作るぶんには、果糖ブドウ糖液糖やパーム油が入り込む余地はありません。自炊をする限りにおいては、そこまで細かく気にする必要はないと思います。

精製された米食文化の功罪

精製された穀物と血糖値には要注意!!

食べてはいけない2つの食品のひとつ、果糖ブドウ糖液糖とよく似た食べ物に、**「精製された穀物」**があります。これ自体は、添加物を含んだ加工食品ではありませんが、**果糖ブドウ糖液糖と同じように、私は危険だと判断しています。**

そもそも、果糖ブドウ糖液糖の難点は何かというと、甘味をまったく感じないので、食べすぎてしまうことなのです。そして、精製された穀物もほぼ砂糖と同じくらい、一気に血糖値を上げてしまうのにもかかわらず、ほのかな甘味しか感じさせません。だから、**ついつい食べすぎてしまう**のです。

真っ白なご飯や真っ白なパンを見た瞬間に感じてほしいのは、

「これは、食べると血糖値が急上昇してしまって、寿命が縮む食品だ」

という恐怖感です。

血糖値とは、そもそも人体の血液中に、ブドウ糖がどのくらい含まれて流れているかで決まるのですが、これは非常に微妙なものでして、高すぎても低すぎても身体にはよくないのです。果糖ブドウ糖液糖が豊富に含まれた加工食品や精製された穀物を食べすぎることは、血糖値の急上昇を招きます。

身体は、上がりすぎた血糖値を下げようと、インスリンを分泌して、今度は血糖値が急低下します。このような状態が続くと、次第にインスリンの働きが十分でなくなり、いつか血糖値スパイク（食後高血糖）が起こってしまうのです。

血糖値スパイクは、動脈硬化などの血管系の病気から、認知症やがんのリスクを高める可能性があります。

内臓脂肪型の肥満は万病のもと

また、一気にインスリンが分泌され、血液中からなくなってしまった糖がどこへ行くかというと、脂肪となって身体につきまくるのです。

これがまだ皮下脂肪ならマシなのですが、運動不足になり、糖分を摂りすぎたり、アルコールを摂りすぎたりする生活が続くと、内臓の周りに脂肪がつくようになります。

内臓脂肪は特に男性のほうがつきやすく、男性の肥満の9割が、内臓脂肪型の肥満だと言われています。これはホルモンが影響しているようで、女性は女性ホルモンの分泌によって、余った糖分は内臓脂肪よりも皮下脂肪になりやすいのです。しかし、更年期以降、女性ホルモンが減ると女性も内臓脂肪がつきやすくなります。

内臓脂肪は、皮下脂肪に比べて、内臓へのダメージが強い脂肪です。ありとあらゆる臓器の動きを鈍くするのです。

血管や心臓、腸の動きが鈍くなるということは、心肺機能や消化吸収の機能が一気に衰えることを意味していますから、そのぶんだけ、老化が進んでしまいます。すると、活動力も狭まり、クオリティ・オブ・ライフ（QOL）もどんどんと低下することは目に見えています。

メタボリックシンドローム、いわゆるメタボの検診では、お腹の周りのサイズを測りますが、これは内臓脂肪の大きさを測っているわけです。それが病気のリスクの代替指標となっているのです。

平均的な身長の方で市販の服を着たときに、サイズがMサイズならぎりぎり、リスクがない程度で、仮に**Lサイズにサイズアップしてしまったら、男性も女性も自分の内臓脂肪の大きさを疑ったほうがよい**でしょう。

一日3杯以上白米を食べると糖尿病になる!?

最近、私が行っている習慣のひとつに、**「どうしてもそれしか食べ物がないとき以外は白米を食べない」**というものがあります。

なぜかというと、これまでお話ししてきたように、自分の血糖値をコントロールしたいからなのです。

私たちの老化の最大の敵のひとつに、糖尿病という生活習慣病があります。

糖尿病というのは、簡単に言えば、血糖値のコントロールができなくなる病気です。それは、インスリン抵抗性と呼ばれるような、血糖値をコントロールするホルモンの効きが悪くなることによって発症するのですが、その最大の理由のひとつに、習慣的に**GI値（血糖値の上昇度合い）の高い食べ物を摂取している**ことが挙げられます。

ＧＩ値の高い食べ物として、私たちの身近にあるのが、なんといっても、**コシヒカリとその改良種を中心とした、日本で流通する低アミロース米系のほとんどの白米**が挙げられるでしょう。低アミロース米とは、うるち米のなかでもよりもち米に近い成分のもので、アミロースといわれるでんぷんが少なく、アミロペクチンといわれるでんぷんが多いものです。そして、アミロースの含有量が少ないほど、甘くもちもちした触感になり、近年では好まれています。こうした低アミロースの白米の何が問題かというと、砂糖のような強烈な甘さは感じないのに、それを食べればやたらと血糖値が上がってしまうことです。

砂糖の場合は、甘さが強いため、たくさんの量を摂ることは、実際、なかなか難しいものです。大量に食べると、味覚や満腹感のほうが勝ってしまうでしょう。

ところが、**白米の甘味はほんのりとしていますし、味付けの濃いおかずなんか**

と一緒だと、いくらでも食べられてしまう感じがします。実際に、大量に食べることも可能でしょう。**特に大した運動もしないで白米ばかりを大量に食べていたら、糖尿病予備軍になることはまず間違いありません。**

他方、高アミロース米はというと、白米のような日本人なら誰しもが美味しいというような味ではありません。もっと素朴で、なかにはクセがあって嫌だと言う人もいるかもしれません。ですから、市場からは排除されていて、日本では流通している米の多くは、コシヒカリに限らず、低アミロース米なのです。

糖尿病を避けたいというなら、お米を食べる際は、白米ではなく玄米に置き換えて食べることが好ましいと思います。もし、それでも白米が食べたいというなら、**せめてササニシキのような高アミロース米を選択すること**をおすすめします。

近年の研究では、特に日本人女性の場合、米の摂りすぎは、糖尿病発症の危険性が高まることがわかっています。

国立国際医療研究センターや国立がん研究センターなどの研究チームによれば、90年代の調査になりますが、全国9保健所管内在住の45～74歳の男女約6万人に対して、平均して5年間、食事と病気の相関関係について追跡調査をしています。これによると、女性の場合、米の摂取量が多ければ多いほど、糖尿病発症の危険性が、上昇する傾向があることがわかりました。

米の一日あたりの摂取量が茶碗1杯強（約165グラム）のグループに対して、一日3杯（約420グラム）のグループでは、糖尿病の危険性は1・48倍にまで上がり、これが一日4杯（約560グラム）以上の場合は、1・65倍に上昇したとしています。

日本人は文化的に米の飯を食べすぎ

しかし、日本では白米の弊害について声高にはほとんど叫ばれていません。

それはやはり古くからの日本の米食文化という伝統が影響しているのでしょう。戦時中の食糧難の頃には、白米のことを「銀シャリ」と呼ぶほど、食べたくて仕方のないものだったのです。

それはお酒と同じで、**日本人はアルコール依存ならぬ、白米依存**と言ってもよいかもしれません。

私はゴルフ場でランチをとる際には、白米が入っているメニューをなるべく避けています。

どうしても白米かパンのどちらかを食べなければならないとなったら、パンを選ぶとよいでしょう。

もちろん、精製した小麦粉を使用したパンもGI値は高いのですが、小麦粉だけでできているわけではなく、さまざまな混ぜ物があるのとバターをつけて少量で満腹感を得ることもできるので、白米ほど一気に血糖値は上がりません。

だから、**精白米よりも、クロワッサンや胚芽パンのほうがずっとGI値は低い**のです。

ちなみに多くの人が、バターのような飽和脂肪酸は身体に悪いという教育を受けてきたのではないかと思います。しかし、**飽和脂肪酸は血糖値を一気に上げることはないので、必ずしもこれまで言われてきたような病気の原因にはならない**、ということもわかってきました。近年では、健康のために、バターコーヒーを飲むことが、逆に推奨されるほどなのです。

日本人は欧米人に比べて糖尿病になりやすい

白米の摂りすぎによって糖尿病の危険にさらされている日本人ですが、そもそも、日本人は欧米人に比べて糖尿病になりやすい体質を持っていることもわかっています。

次ページのグラフは、ブドウ糖（グルコース）を経口摂取した場合のインスリンの分泌量を、日本人と北欧白人とで比較したものです。同じ量のブドウ糖を摂取したにもかかわらず、日本人のインスリン分泌量がかなり少ないことが見てわかると思います。

そもそも農耕民族だった日本人は生存に必要なカロリーを、米などの穀物から摂っていました。そのため、肉を食べることがほとんどなく、高炭水化物・低脂肪の食生活だったと考えられます。

また、いまのようなデスクワーク中心の労働生活ではなく、農耕や採集に従事する、極めて運動量の多い生活だったでしょうから、すなわち炭水化物から得た

経口グルコースに対するインスリンの反応
日本人と北欧白人の比較

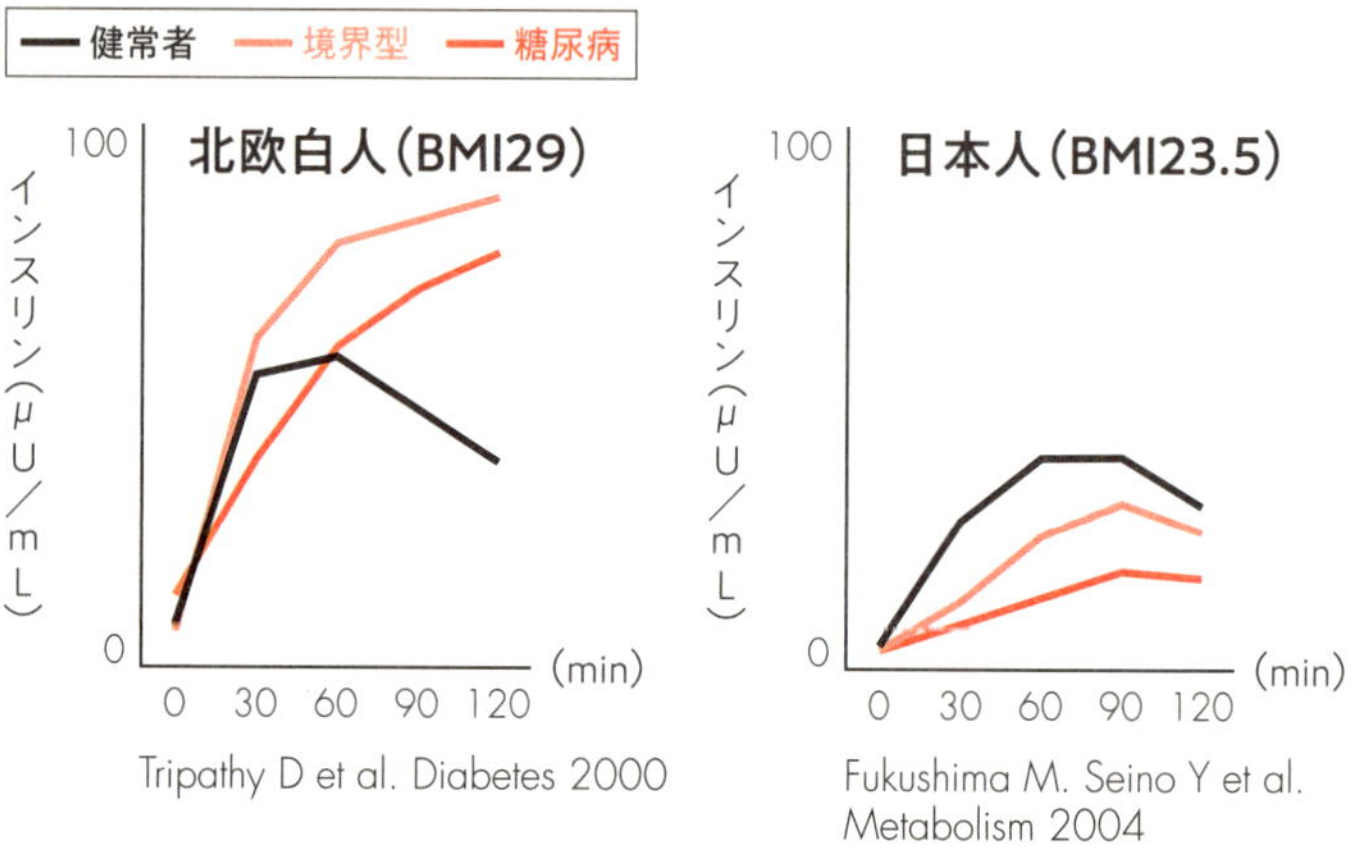

（以下の URL を参考の上、作成。https://cuisine-kingdom.com/diabetes/）

エネルギーは代謝されたため、全体的に痩せ型で、少インスリン体質だったのです。

他方、牧畜民族を祖先に持つ欧米人は、一度に大量の肉を摂っても血糖値が上がらないように、十分な量のインスリンが分泌される体質となったのです。つまり、高カロリーな食事に適応した体質を持っているということです。

ですから同じ量のものを食べたとしても、欧米人のほうがインスリン分泌量が多く、十分に対応できるため、糖尿病にはなりにくいのです。

他方、さほどインスリンの分泌量が多くない日本人は、少しでも食べすぎると血糖値が上がり、それが続けば糖尿病になります。

欧米人のほうが日本人に比べて、肥満のサイズもダイナミックですが、欧米人と同じくらい太る前に、日本人は糖尿病などの病気になって、そんなに食べられなくなるのが普通だということでしょう。そのため、日本人には痩せ型の糖尿病が多い、というわけです。他方、欧米人の糖尿病患者は、肥満体であることがしばしばです。

恐ろしいのは糖尿病の合併症

糖尿病に関して、その怖さを知らない人も多いと思いますが、知れば知るほど、本当に恐ろしい病気だと思います。

日本人の4人に1人が糖尿病か、その予備軍と言われています。

長生きリスクのなかで言えば、100年ある人生のうち、糖尿病にかかってしまうと、それだけでQOLはガクッと下がってしまうでしょう。

なぜなら、糖尿病は、それ自体が直接、命に関わる病気ではないのですが、自覚症状がないまま進行し、**さまざまな合併症を引き起こす**ことがあるからです。

なかでも「糖尿病性網膜症」「糖尿病性神経障害」「糖尿病性腎症」は、糖尿病によって引き起こされる特有の合併症で、「3大合併症」とも呼ばれています。

これらは進行すると、いずれ失明や下肢切断、腎不全による人工透析などにもつながる厄介な病気です。

また、糖尿病があると、動脈硬化が進行するのが、10〜20年も早くなるという報告もあります。

先の3大合併症は、いわば細い血管に影響することによって引き起こされる病気ですが、糖尿病は太い動脈にも影響することがわかっています。

高血圧や脂質異常症、肥満などを合併しやすく、こうした病気とともに動脈硬化を進行させるのです。結果、脳梗塞や脳出血などの脳血管疾患、心筋梗塞や狭心症といった虚血性心疾患のリスクも高めてしまうのです。

糖尿病による３大合併症

【糖尿病性網膜症】

眼底の血管の障害を引き起こし、ものが見えにくくなる。症状が進むと、失明することも。

【糖尿病性神経障害】

末梢神経の障害を引き起こし、全身に影響を及ぼす。足のしびれや痛みからはじまる場合が多く、進行すると足の神経が麻痺し、最悪の場合、壊疽を起こして足を切断しなければならなくなることも。

【糖尿病性腎症】

腎臓機能の障害を引き起こす。タンパク尿やむくみといった症状が現れ、進行すると慢性腎不全に陥り、人工透析が必要になることも。

タンパク質の過剰摂取は寿命を縮める

健康になるのは認知症にならないため

私がなぜここまで健康にこだわっているのかというと、やはりいちばんの理由は、「認知症のリスクを下げる」ことです。

アルツハイマー型認知症や脳血管性認知症は、糖尿病や脳卒中などの病気から誘発されます。したがって、糖尿病を筆頭とした生活習慣病の予防をするということは、そのまま認知症予防にもつながるのです。

私は我慢をするのも、苦労をするのも大嫌いです。

そして、健康を損ない、何らかの理由で認知症を発症すれば、間違いなく我慢や苦労が増えることでしょう。長生きの生活のなかでできないことも増えていくに違いありません。そんな我慢や苦労をするぐらいであれば「白米を大量に食べない」なんてことは、むしろ簡単にできる行動習慣です。

もちろん、それは白米に限りません。白米の危険性については、ちゃんとしたエビデンスのある論文を読んで、よく理解しています。

つまり、私は白米に限らず、統計的に証明されているほどに健康を害するということがわかっている食べ物を口にすることができない、そうするべきではない、と考えているのです。

過剰なタンパク質・アミノ酸は老化を誘発する!?

ではGI値の低い肉だったら、たくさん食べてよいかというと、残念ながらこれもNGだと私は考えています。

たとえば、豚肉や牛肉などの赤肉と呼ばれる、赤筋が多い食品を食べすぎると、大腸がんを誘発する原因になることが、今日の研究でわかっています。

また、美容には十分なタンパク質を摂るといいと言われますが、実は摂りすぎは、かえって老化を進行させ、逆効果になることもあります。

たとえば、**タンパク質の過剰摂取は、私たちの命の回数券であるテロメアを短くする**ことがわかっています。タンパク質は体内でアミノ酸に分解されて吸収されます。最近ではアミノ酸をお手軽に摂取できるサプリメントや飲料も出ていますが、このアミノ酸の過剰摂取もまた、寿命を縮める原因になります。

シドニー大学生命環境科学部栄養生態学教授兼チャールズ・パーキンス・センター栄養研究リーダーの、デイヴィッド・ローベンハイマーとスティーヴン・J・シンプソンが書いた『科学者たちが語る食欲』（サンマーク出版）という本がありますが、タンパク質について興味深い提言をしています。それは次の2点です。

その1　私たちの食欲は、満足なタンパク質量を摂るまでは満たされないようになっている。しかし、タンパク質過剰の食事にすると結果、低カロリーになり、タンパク質過小の食事をとると高カロリーになってしまう。

その2　タンパク質の摂取は繁殖には有利だが、長寿化には不利である。

たとえば、糖質制限ダイエットは日本でもかなり流行していると思います。それは糖質を制限して代わりにタンパク質の食品に置き換えれば、総摂取カロリーは低く抑えられるので、結果として痩せるのです。

しかし、先ほども説明した通り、タンパク質の過剰摂取はテロメアを短くすることで、かえって老化の原因となり、寿命を縮めることになります。痩せたから長生きリスクが軽減されたかというと、そうではなく、かえってリスクを高めてしまっているのです。

タンパク質はプラントベースで

それでは、総摂取カロリーのどれくらいをタンパク質から摂ればよいのでしょうか。さまざまなデータを総合すると、だいたい15~20%くらいが推奨されています。一日に1800キロカロリーを摂る人であれば、270キロカロリーほどをタンパク質から摂ればいいことになります。グラムで言えば、概《おおむ》ね70グラム弱といったところでしょうか。

タンパク質70グラムというといったいどれくらいか、みなさんはイメージできますでしょうか。だいたい納豆1パック40グラム程度ですが、そのうちタンパク質は7グラムくらいです。また、100グラムのお肉を食べると、だいたい20グラムのタンパク質を摂ったことになります。

ただ肉の食べすぎは先ほども述べた通り、大腸がんをはじめとしたさまざまな身体的リスクの原因となりますので、**タンパク質を摂るのであればプラントベース、つまり、豆類を中心にした植物性タンパク質で補うこと**をおすすめします。

世界の長寿研究でも、**長寿の人が多い地域では、だいたい精製されていない炭水化物とたくさんの野菜、少量のタンパク質と脂肪といった組み合わせの食生活を営んでいる**ところがほとんどなのです。

油と野菜・果物ジュースの功罪

現在の研究では、脂肪については、昔ほど悪者扱いはされていません。それでも、**トランス脂肪酸は摂らないに越したことはありません**し、パーム油やキャノーラ油のような加工された植物油脂は、やはり身体にはよくありません。

特に揚げ物のようなかたちで、「油を食べる」ことは健康にはよくないと考えましょう。

このようにあれもだめ、これもだめと説明してくると、本当に何を食べていいのかわからないと言う人もいらっしゃると思います。

しかし、食物繊維に関してはエビデンスがはっきりしていて、適量を摂ることは明らかに健康によいとされています。

また、野菜や果物不足を手軽に野菜ジュースや果物ジュースで補おうという人も多いかと思いますが、これは野菜や果物から食物繊維を取り除いた液体にすぎません。その液体は、果糖ブドウ糖液糖を摂取しているのとまるで変わらないのです。実は、搾りかすとして残るもののほうがずっと重要なのです。

プラントベース・ホールフードを心がける

食事に関するシンプルな考え

これまで身体的リスクを避けるために、食べてはいけない食品を中心にお話ししてきましたが、それでは逆にどんな食事をしていけばよいでしょうか。いまのところ、私が食事に関して行き着いた、最もシンプルな回答は次のようになります。つまり、

・なるべくプラントベースと言われる植物性のものを中心に摂る

・「ホールフード」と呼ばれるような、加工されて削られたり粉になったり、

分離されたりしていない食べ物を中心に食べると、いうことです。

少なくとも、伝統的な和食にある**白米を、玄米に置き換える**だけで、この要件はほとんど整うのです。あるいは、**たくさんの野菜と魚、少量の肉とGI値の低いパスタを摂る地中海料理**などについても原理はまったく同じです。

牛乳ではなく、ヨーグルト、チーズを食べる

乳製品に関しては、今日でも賛否は分かれています。

特に日本人の場合、もともと牛乳などを飲む習慣がなかったため、そうした食品を摂ると、お腹にガスがたまったり、ゴロゴロして下痢をするなど不快症状が見られると言われてきました。いわゆる乳糖不耐症というものです。

これは、乳糖を分解する酵素が、小腸で少なくなり、十分に働かなくなることによって起こる、と考えられています。一説には、日本人の3人に2人は乳糖不

耐症だ、とされているものもあれば、かつて言われていたほど、日本人が牛乳を飲んで下痢をする割合は高くない、という報告もあります。

とはいえ、牛乳をそのまま摂るよりかは、ヨーグルトやチーズのように一度、発酵させた乳製品であれば、乳糖不耐症の人でも消化することができます。そうした発酵乳製品は、赤肉のような弊害もないため、乳糖不耐症のリスクも軽減でき、かつ良質なタンパク質、カルシウムを得ることができます。

肉より魚。ただ赤身の魚には注意

肉ではなく魚を食べることは長生きリスクの軽減に役立ちます。ただ、イワシやアジのような小魚を骨ごと食べるぶんにはまったく問題ないのですが、日本人が大好きなマグロのような赤身の大型魚の食べ方については、少し注意が必要です。

マグロの場合、骨などを取り除いて、赤身や大トロ、中トロといった部位を食べることが普通ですが、こうした部位は、肉よりも健康によいと言えるかどうか

は、かなり微妙です。プラントベース・ホールフードという観点からは、健康にはあまりよくないと考えてもらったほうがよいでしょう。

また、日本人の食卓によく登場する鮭などは、こうした赤身の大型魚と骨ごと食べられる小型魚の中間にあるような存在ですが、やはり肉よりも健康によいかと言うと、そうした知見はまだ得られていないのが実情です。

魚を食べるとすれば、**イワシやアジのような小魚を丸ごと食べたり、あるいはサバなど良質な必須脂肪酸を含む青魚を食べる**ことをおすすめします。

食事ストレスをためすぎないようにしよう

ここまでお話ししてきたように、あまりにも食事について、「あれを食べてはいけない」「これを食べてはいけない」と神経質になるのも、本当はよくありません。ストレスになり、心を病んでしまっては元も子もなくなります。

フード・ファディズム（特定の食品を摂取すると健康になる／病気が治る、不健康になる／病気になるなどの情報を過大評価して偏った食行動を取ること）の

ような状態に陥らないために、次の点を心がける程度にしていただくとよいでしょう。

・過食をしない、腹八分目を心がける
・空腹の時間を楽しむ
・プラントベース・ホールフードを中心として、白い炭水化物とバーコード食品を原則として避ける

これくらいのイメージを持って、なるべく自炊をしていく。そして、白米や白パンといった白い炭水化物や精製された砂糖は極力、口にしないということを行動習慣にすれば、問題ないだろうと思います。

「安価な割に美味しく感じすぎる」ことに疑問を持つ

加工食品を販売しているメーカーの多くは、素敵なパッケージや美味しさを誇

大に強調したCMなどを作って、私たちの欲望を刺激し、誘惑してきます。

そんな誘惑から逃れるために、最も簡単なのは、

ありとあらゆる加工食品の広告をいっさい見ないこと

これに尽きると思います。加工食品メーカーはあの手この手で、私たち消費者にさまざまな食品を提供しています。しかし、加工食品の最大の難点はというと、やはり、

安価な割に美味しく感じすぎる

ということでしょう。

これまで加工食品の問題についてお話ししてきたように、**「なんで、こんなに安くて美味しすぎるのか」ということにもう少し疑問を持ってほしい**のです。

自炊については、面倒臭い、時間がかかるという人も多いと思いますが、うま

く工夫すれば、かなり時間を短縮できることばかりです。逆に市販の加工食品よりもっと美味しく、手早く作ることだって可能です。

どうやって楽しく自炊するか、ということについては、拙著『勝間式食事ハック』（宝島社）、『ラクしておいしく、太らない！ 勝間式 超ロジカル料理』（アチーブメント出版）などに詳しく書かせていただきました。よかったらそちらも参考にしていただければと思います。

また、長生きリスクに関しては、タバコは弊害ばかりであるということのエビデンスがありすぎるくらい存在します。ですから、本書では、わざわざ詳しく語る必要もないでしょう。吸わない選択肢しかありません。

お酒は飲まないに越したことはない

適度な飲酒は「百薬の長」、というのは本当か？

タバコの弊害については、前述した通りですが、最近は飲酒の弊害についても注目されています。これまで、適度な飲酒は健康によい、と言われていました。しかし、そのエビデンスも最新の研究では、覆されつつあります。

心臓疾患だけではなく、がんや結核などのリスクについて考えてみると、残念ですが、飲酒はゼロにするのが、いちばんリスクが低いのです。

ですから、私のなかでは、**お酒はゼロであるに越したことはない**という結論に達しました。ほんの少しであれば健康によい、ストレス解消になるという話については、私は次の3点の理由から、疑っています。

その1　適量が健康によいというのは心臓疾患に対してのみ。他のリスクについては決してそうではない。

その2　飲酒は適量でやめることがなかなかできない。結局飲み始めれば、徐々にアルコールの快楽が脳を支配し、摂取量が増えていく可能性が高い。つまり、依存性が高い。

その3　そもそもアルコールに費やすお金と時間の費用がもったいない。その分のお金と時間を別のことに費やせば、より有意義なことが人生で達成できる。

お酒をいっさい飲まないようにしても、社交上、困ったことはまったくありませんでした。逆に健康やお財布にとっては明らかにメリットばかりなのです。

また、私は毎日8時間睡眠をとっていますし、十分な運動もしていますが、これらはまったくお酒を飲む機会がないから可能だと考えています。

たとえば、2018年8月に権威ある医学雑誌『ランセット』に掲載された論文（Lancet.2018;392:1015-35.）では、「基本的に飲酒量はゼロがいい」と言い切っています。

これは、1990年から30年近くにわたって、195の国と地域におけるアルコール消費量と、アルコールに起因する死亡の相関関係について分析した論文ですが、最終的には、アルコールはまったく飲まないことが健康に最もよい、と結論づけています。

同論文では、先ほども説明した通り、心筋梗塞などの虚血性心疾患については、少量の飲酒で発症リスクを下げることができるとしています。しかし、全体的な飲酒量が増えると、がんや結核など他の疾患のリスクが高まるため、心疾患などの予防効果は相殺されてしまうだろう、としています。

若者の4分の1はお酒を飲まない

タバコに関する弊害は、多くの人に認知されており、近年では喫煙者もどんどん減ってきていると思いますが、お酒に関しても若年層を中心に、あえて飲まないライフスタイルを選択する人が増えてきているそうです。

厚生労働省「国民健康・栄養調査」によれば、20〜30代の男性の飲酒習慣率は、20年前と比べるとおよそ半分程度です。20代女性に至っては、現在、わずか3％程度まで減少しました。ちなみに、この飲酒習慣率とは、週3日以上、1日1合以上飲酒する割合を指しています。

また、生命保険会社のニッセイが運営している、ニッセイ基礎研究所による配信記事では、アメリカのミレニアル世代のなかには、身体や精神の健康維持のためにあえて**アルコールを飲まない「ソーバーキュリアス」**と言われる人たちが登場してきているそうです。**日本でも、20代の若者のおよそ4分の1は、「ソーバーキュリアス」の傾向があるとされています。**

急速に若者のアルコール離れが進んでいることを同記事は紹介していますが、そこには、何につけて素早く情報を得ることができるデジタル・ネイティブ世代を中心とした、健康意識の高まりや予防医学への関心の高まりがあると見られ、今後もこの潮流は続くと考えられるでしょう。

情報リテラシーを上げればリスクは軽減できる

第1章では、高齢者の方がゴルフ場のラウンドで立ち小便をしており、ショックを受けたとお話ししました。

昔は立ち小便など当たり前だったのでしょう。しかし、衛生意識の高まりによって、今日では、若者たちにとって立ち小便はしないのが普通です（ちなみに、厳密に言えば、立ち小便は軽犯罪法違反にあたります）。

これは、健康や予防医学に関しても、情報リテラシーとして蓄積していけば、若者の飲酒が少なくなっているように、立ち小便も飲酒も同じようなものではないかと私は考えています。

こうした意見を読んで、不快に思われるお酒が大好きな人がたくさんいるだろうということは、百も承知で、あえてこのように私は自分の意見を書いています。**飲酒の危険性**については、私はそれくらいの覚悟を持って書いているということです。

飲酒は運動と睡眠の習慣を阻害する

では、どうやって私たちはお酒から離れればいいのでしょうか。

これは極めて単純なことです。つまり、**お酒を飲むよりも、もっと楽しいことをすればいい**のです。

お酒は薬物と同じです。一定期間、摂取するのをやめれば、身体からその影響は抜けて、もう飲みたいとは思わなくなります。

その一定期間の時間数は、人によって違いがありますが、基本的には数週間もあれば十分でしょう。数週間後、お酒が飲みたくなくなった段階で、それ以降も絶対、一生お酒を口にしなければよいのです。

これはお酒に限った話ではありません。

長生きリスクを軽減させ、100歳まで健康かつ元気に生きるには、そのための情報を得たならば、ただ知識として知っただけでなく、その情報に基づいて、どのように自分の行動を変えるか、ということを常に考えなくてはなりません。そうやってよい行動習慣を身につけていってください。

ただ、**知識を増やして、頭でっかちになるだけではダメ**です。**知識は実践されてこそ、意味があります。**なかには、万人に効くと思われることでも、自分には合わないということだってあります。ちゃんと行動に移して、自分の身体でいろいろと試してみてください。

ちなみに、こうした飲酒の習慣は、日々の運動習慣や睡眠習慣ともバッティングするものです。毎日欠かさず運動をしたり、よい睡眠をとろうと考えたりした場合、残念ながら、飲酒はその足を引っ張ることしかしません。

残りの本章では、運動、そして睡眠について見ていくことにしましょう。

身体的リスクは運動で軽減できる

運動で仕事の生産性もアップ！

長生きリスクのコントロールに、なぜ運動がいいのかについては、さまざまな研究があり、多くのエビデンスが出されています。

そのうちのひとつで私が注目したいのは、**運動をすると、インスリンの感受性が高まり、糖尿病のリスクを減らすことができる**ということです。

医学博士でハーバード大学医学部の准教授であるジョン・J・レイティと、サイエンスライターのエリック・ヘイガーマンの共著『脳を鍛えるには運動しかない！　最新科学でわかった脳細胞の増やし方』（NHK出版）は、私の大好きな本の一冊です。

同書では、さまざまなエビデンスを紹介することを通じて、**適度な有酸素運動が万病の予防になること、特にメンタル・ヘルスを良好に保ち、うつ病予防につながる**ことが述べられています。

私は同書を読んで、**毎日欠かさず運動をする**ようになりました。その結果だと思いますが、**執筆活動を含めたさまざまな仕事の生産性が急上昇した**のです。同じ量の仕事が、かつての2分の1とか3分の1の時間で終わってしまいますので、残りの時間をさらに運動や睡眠、健康な食事作りにあてて、さらなる好循環を生んでいます。

日常生活のすべてが運動である

運動というと、どうしても多くの人はジムに行く運動ばかり想像してしまいます。しかし、この運動には、日常生活のすべてが含まれます。

朝起きてから夜寝るまでにどのくらい歩いているのか。座っている時間はどのくらい長いのか。適度な有酸素運動、たとえば少し早歩きで歩くようなことを毎日行っているか。家事労働をしっかりやっているか。

そのすべてが健康を増進するための「運動」に関わっていると思います。

特に私たちの寿命と普段の歩行スピードは相関しているようで、実年齢にかかわらず、歩行スピードが速い人は健康寿命が長く、逆に遅い人は健康寿命が短いのです。また、座っている時間が長い人は、身体を動かす時間が少なく基礎代謝が増えないいため、身体全体の老化を促進させるという話もあります。

椅子に座る姿勢というのは、人間の骨格にとって実はかなり負荷をかけていることになるので、腰痛の原因になることはこれまでにも言われてきました。

近年では、一日のうち、座っている時間が長ければ長いほど早死にするリスクが高まるとも言われるようになりました。

特に日本人は、世界のなかでもいちばん座っている時間が長い、と言われています。一説には、一日のうち約60%の時間を座って過ごしているそうです。

また近年の研究では、一日最低でも11分歩けば、何時間も座り続けたことによる健康への弊害を緩和することができる、という報告もあります。少しでもよいですから、すぐにでもウォーキングなど軽い運動を始めるべきだと思います。

人は自然のなかで体調を整える

毎日の運動量を管理するには、テクノロジーの力を借りてみてもいいでしょう。たとえば、スマートウォッチの活用も非常に有効だと思っています。

スマートウォッチで管理できれば、一日のうち、座っている時間が長すぎる場合は、アラームが鳴って警告をしてくれます。そこで座るのをやめて、立ちながら作業をしたり、休憩をとって散歩に出かけたりしてもいいのです。

また、反対に、一日にどのくらい歩いているかということも、すべて計測することが簡単にできます。

また、運動は無理矢理やらされていてもまず長続きしません。自分が楽しく続けられるものを探すことがよいのではないかと思います。

私もこれまで、健康増進のためにスポーツクラブに入会して、筋力トレーニングをさんざんやりましたが、結局、3カ月以上続いたことはありませんでした。

私にとっては、筋トレを黙々とやることはあまり面白くなかったのです。ヨガ・

トレーニングも同様に、まったく続きませんでした。

いまのところ続いている運動は、やはりゴルフです。まずよく歩くようになりますし、早起きの習慣もつきます。ゴルフのスイング自体も適度な筋トレになりますから、効果も高いようです。実際にゴルフをよくする人は、長生きするという話もあるそうです。

また、ゴルフの運動自体は負荷も高くありませんから、一日6時間でもやれますし、自然のなかを歩いて行いますので、森林浴にもなります。

私たちの身体は、食べ物や睡眠、運動といった刺激によってさまざまな情報処理を行っている有機体の塊です。外部からどのような刺激を受けるかで、その寿命や組成が変わってきます。

面白いことに、**私たちは自然の環境のなかにいると、肉体的にも精神的にも体調が整うようになっている**ようなのです。

そのことを私は、『NATURE FIX　自然が最高の脳をつくる　最新科学でわかった創造性と幸福感の高め方』（NHK出版）を読んで学びました。

本書では、ハーバード大学の昆虫学者エドワード・オズボーン・ウィルソンが提唱した「バイオフィリア仮説」というものを紹介しています。

バイオフィリア仮説では、「自然のなかにある穏やかで生命を育む要素」によって、「人間が心の平静、明晰《めいせき》な認知機能、共感、希望といったものを取り戻す力を得る」としています。

運動する環境も、なるべくなら緑豊かな公園などで行うのも、よい気分転換にもなり、一石二鳥と言えるかもしれません。

一日4時間労働が身体的リスクを軽減する

毎日、身体によい食事を摂り、十分な運動と睡眠を行うためには、実は一日の労働時間が8時間を超えるとかなり難しいと思います。

労働時間を最低でも7時間以内、できれば6時間以下にまで下げることが好ましいでしょう。

そうでなければ、一日1万歩歩いたり、8時間以上睡眠をとったりするなんてことはほとんど不可能な気がします。

21世紀の今日、次第に、労働時間の長さよりも、労働生産の量が評価される時代に徐々にシフトしています。またITやデジタル技術などのテクノロジーの発展もめざましいため、その技術を駆使すれば、一日4時間労働くらいで前世紀の8時間労働相当の成果を出すことができれば、まったく問題ないでしょう。

昭和の8時間労働は、令和では4時間に短縮することだって不可能ではないのです。そうすれば、収入を減らすこともなく、食事と運動と睡眠に十分な投資をすることは可能です。

こうした一日4時間労働のライフスタイルが好ましいのは、人生100年時代の今日、100歳もしくはそれに近い年齢で、死ぬまで働き続けることができる見込みがあることに尽きます。

睡眠ファーストの生活が長生きリスクを回避する

幸せホルモン「セロトニン」を高める

私たちが幸せを感じるときには、幸せホルモンと呼ばれるセロトニンが十分に分泌されている状態とされています。このセロトニンの分泌を簡単に促進してくれるのが、ひとつはこれまでお話ししてきた「運動」と言われています。

他方、セロトニンと似たホルモン物質であるドーパミンの分泌を高めるのが、飲酒です。お酒は、ドーパミンの分泌が高まる一方で、セロトニンを減らしてしまいます。

ドーパミンとセロトニンの大きな違いは何かというと、ドーパミンの効果は一過性のものである、ということです。ドーパミンも確かに多幸感につながってはいるものの、一時的な興奮作用にとどまり、持続的な幸福感をもたらすことはありません。ところが、**セロトニンの効果は、穏やかで、持続的な幸せを感じる**ことができます。私が、喫煙や飲酒の習慣を持っている人に、セロトニンの分泌を高める運動、あるいは入浴といった行動を代替えの習慣にするようにおすすめするのは、そのためなのです。

セロトニン的な幸せ感は、長生きリスクを生じさせないための行動と重なっています。つまり、幸せになりたいという目的を達成するためには、より中長期的に身体に害がなく、長生きリスクを生じさせない行動を選択すればよいのです。

便秘改善で幸せに

先ほど、座っている時間が長いと寿命が短くなるということをお話ししましたが、まったく座らない生活というのもまず無理でしょう。

しかし、座っているときも何か健康によいことができないかと考えたときに、私は骨盤を立たせるような、座り心地のよくない椅子にわざと座るようにしています。アーユル・チェアーという椅子なのですが、腰痛持ちの方にすすめられたのがきっかけで、購入して使うようになりました。

すると、「長生きみそ汁」で有名な小林弘幸先生をはじめ、いろいろと身体に気を使っている人が、意外とこの椅子を使っていることに、購入してから気づくようになりました。

私自身、小林先生のクリニックに通ってかれこれ3年くらいになります。もともと私は便秘がちのほうでして、その治療相談のために通うようになりました。これまで自分なりに食生活に気を使い、運動や睡眠を十分に行ってもなかなか改善しなかったのです。

そこで小林先生のクリニックで受診したところ、私は10歳のときに少し重い盲腸を患ったことがあるのですが、それが原因で右側の腸に癒着して細くなっている部分があることがわかりました。そこで、小林先生のすすめで、酸化マグネシウムや乳酸菌、水溶性の食物繊維などを日々、摂るようにしていました。そのかいあって、お通じも普通に改善しました。

この便秘の改善の何にびっくりしたかというと、先ほど説明したセロトニンがたくさん分泌されるようになったのか、これまでよりもずっと幸せを感じるようになったことです。下ネタで恐縮ですが、私たちはトイレに行ったあと、とてもスカッとして幸せな感じがすることがあると思います。ああいう感じの幸せが、ずっと続くようになったのです。

十分な睡眠こそが万病への特効薬

そして、私がものすごく気をつけているのは、なんと言っても睡眠です。

毎日、HUAWEIのスマートウォッチを使って、睡眠の質を計測しています。原則として、スマートウォッチの計測値で80点以上になるように、コントロールするようにしています。

この睡眠データの機能を使用している人はおわかりだと思いますが、実は80点というのは、なかなか高いハードルなのです。3年くらい前から、睡眠データでその質を測るようになったのですが、測り始めの頃は、ずっと70点台半ばを推移しており、なかなか80点になる日がありませんでした。

睡眠の重要性については、近年の研究で多くのエビデンスが出ています。**睡眠をしっかりととることが万病の万能薬となり、老化から認知症まで、多くの病気を防ぐことがわかってきています。**

老化を防ぐ要素のひとつ、成長ホルモンも、寝ている間に分泌されますし、認知症の原因となるアミロイドβは、寝ている間に身体から取り除かれるのです。

寝ている間は、心拍数も小さくゆっくりになりますから、無駄に心臓を動かさなくてもよく、そのぶんだけ、心臓の耐用年数を稼げる、というわけです。

また、睡眠は記憶や気分にも作用します。短期記憶を長期記憶に転換し、記憶の定着を促したり、日々のストレスを整理して気力を回復させたりと、睡眠が果たしている役割は、ある意味、食事や運動よりも重要だと言えるでしょう。

40～50代の人で、脳梗塞や心疾患が発症する方の多くにしばしば共通しているのは、実は睡眠不足なのです。うつ病も睡眠不足によって、発症のリスクが高まってしまいます。

睡眠ファーストの生活を送ろう

私自身、これまで十分に寝ていたつもりだったのですが、実際に計測してみると、年がら年中7時間を切っていたり、寝ているつもりが深い眠りではなかったりするなど、多くの問題点が明らかになってきました。

ですから、きちんと計測して、数字という客観的なもので、睡眠を見直してみることは、とても大事なのです。

こうした事実が明らかになってから、ここ数年は、私は完全に、睡眠ファーストの生活を送っています。

もう夜の食事会の誘いはすべて断るようにしていまして、だいたい午後9時には眠り支度を始めて、午後10時台には布団に入るようにしています。

もちろん、寝室にはスマホやタブレットは持ち込みません。

枕やマットレスも、種類を何回も取り替えて、睡眠データのスコアがよくなるように、ＰＤＣＡサイクルを繰り返しました（計画［Ｐｌａｎ］、実行［Ｄｏ］、評価［Ｃｈｅｋ］、改善［Ａｃｔｉｏｎ］を繰り返して、品質などの管理業務の改善を図るメソッドのこと。頭文字を取って、ＰＤＣＡサイクルと呼ぶ）。試行錯誤の結果、現在行き着いたのは、マニフレックスの枕とマットです。

睡眠ファーストにして本当によかったなと思うのは、当たり前ですが、日中の眠気がほとんどないということです。

また、なんと言っても頭がシャッキリしていますから、朝一番で私がルーティーンで行わなければいけない仕事はほとんど終わってしまいます。残りの時間を読書やゴルフの練習、社交や入浴などにあてることができるのです。

ここ3年くらいの印象として、鏡で見る自分の老化が、その前の3年間に比べると明らかに緩和したと思っています。今日、さまざまなアンチエイジングの方法が紹介されていますが、「寝る」ということが、最も物理的に効果のあるアンチエイジング法だと、改めて実感しました。

しばしば、老化対策にＮＭＮ（ニコチンアミドモノヌクレオチド）のサプリを飲んでいる人も目にしますが、とりあえずそうした食品成分に頼るのではなく、まずはしっかりと睡眠がとれているかどうかを確認することをおすすめします。

良質な睡眠は、いかに身体を使っているかどうか

また、しっかりとした睡眠をとるためには、日中に身体をよく動かすことが重要です。

そもそもなぜ座りっぱなしの状態が身体によくないかというと、やはり下半身への負荷が少なくなる、ということでしょう。

前の章で紹介したように、私たちの筋肉は下肢からどんどんと衰えていきます。下半身に負荷がかからない状態が長く続くと、その分、筋力も衰えていくのです。だからこそ、私たちは、常に徒歩を中心とした移動を心がけていなければなりません。

歯と口の健康が長生きリスクを回避する

歯周病とがんの意外な関係

身体的リスクについて、どんな食生活を送るべきか、また運動や睡眠といった観点から、本章ではさまざまなお話をしてきました。

最後に、意外なことのように思われるかもしれませんが、長生きリスク軽減のためにはとても重要な、お口の健康についてお話ししたいと思います。

私は、お口の健康については、**「歯と口腔の管理だけは最優先事項としてやりすぎてもやりすぎることはない」**と考えています。

近年の研究では、がんをはじめとしたさまざまな病気には、ウイルス性や細菌性のものがあることがわかってきているのですが、その多くが口のなかで繁殖していることもだんだんと判明してきたのです。

食後、満足に歯磨きができなかった場合、歯の表面についたままの口の食べカスなどに細菌が繁殖して、歯垢《しこう》（プラーク）となって口腔内にたまってしまいます。これが虫歯や歯周病の原因になります。

たとえば歯周病の場合、歯垢の細菌によって炎症を起こし、歯と歯茎の間に深い溝ができます。これを歯周ポケットと言いますが、炎症を起こしているわけですから、要は口のなかが傷ついているわけです。

仮にすべての歯にだいたい5ミリメートル程度の歯周ポケットがあるとすると、上下28本の歯で換算して計算すると、だいたい72平方センチメートルくらい、つまり、手のひらのサイズくらいの傷が口になかにある、ということになります。

これだけの大きさの傷があると、それをどうにかしようとして、身体中の免疫細胞が集まり、傷口から入る雑菌に対処しようとします。

私たちの身体には、毎日５０００個くらいのがん細胞が生まれていると言われていますが、免疫細胞は普通、こうしたがん細胞が悪さをしないように日夜活動しています。それが歯周病の対応として駆り出されてしまえば、がん細胞への対応が手薄になってしまうのです。

そのため、全体の免疫が下がり、がん細胞が放置されることになってしまって、がん細胞はいつしか、病気のがんに変わってしまうのです。

逆に言えば、**歯周病を防ぐことは、全身の免疫力を高く保つことにもつながっている**ということです。

またジョンズホプキンス大学らの研究チームによれば、重度の歯周炎を持っている人は、軽度の歯周病患者、あるいは歯周病がまったくない人に比べて、がんの発症するリスクが24%も上昇した、という報告があります。この場合、肺がんに最も高いリスクが見られ、次は大腸がんだったそうです。

歯周病は認知症の原因にもなる!?

歯周病が引き起こすのは、がんばかりではありません。最新の研究で明らかになってきたのは、**歯周病と認知症の間に関係がある**ことです。

九州大学と中国北京理工大学の共同研究によれば、実験用マウスに歯周病菌を投与したところ、アルツハイマー型認知症の原因物質であるタンパク質「アミロイドβ」が、投与していないマウスに比べて約10倍検出されたというのです。また、記憶力も低下したと発表されています。

アルツハイマー型の認知症は、認知症全体のうち、7割近くを占める非常に多い病気です。ですから、**認知症を予防する**には、食事や運動、睡眠による血糖値のコントロールによって糖尿病などの疾患を予防するだけでなく、**口のなかの健康も大変重要**なのです。

毎日のブラッシングをサボっている人は、長生きリスクの観点から言えば、本当にもったいないことをしているのです。

寿命という時間をそのままドブに捨てているようなものですから、今すぐにでも、ブラッシングを日々の行動習慣にすべきです。

朝昼晩の歯磨きを欠かさないのはもちろんのこと、歯間ブラシやフロスなどを使って、食べかすや汚れが残らないようにケアをしましょう。また、定期的に歯の検診を受けて、歯垢がついていないか、診察を受けることも大切です。

第3章

金銭的リスクは早めの対策がカギ

老後もフロー収入を得られるようにする

ここがおかしい日本の公的年金制度

第2章では、健康に長生きすることの重要性について、私が実践していることも含めて、さまざまにお話ししました。健康が人生のすべてではないのですが、健康を損なうと、その土台がすべて崩れてしまいます。ぜひ、健康については、できうる限りのことをして、後悔のないようにしましょう。

さて、かわって、本章でお話ししたいことは、何かというと、**長生きしても一生の間、金銭的な余裕を保てる生活設計**ということです。

老後の生活資金というと、多くの人は年金を思い浮かべるでしょう。そして、蓄えと年金だけでなんとか過ごそうというのが、一般的な考え方だと思います。

しかし、私が推奨したいのは、**年金は最後の砦《とりで》として、生活保護のような存在として考え、基本的には自分の力でいつまでも収入を得るような生き方**です。

それはなぜかというと、第1章でもお話ししたように、ストック収入ではなくて自分のフロー収入のなかで暮らせないと、節約ばかりでケチくさくなってしまったり、生活自体が、小さく閉じこもっていったりするようになるからです。

さらに恐ろしいのが、フロー収入がほしいとしても、基本的に年金はフロー収入としてあてにならないことです。

数年前、遅ればせながら私は年金に関して**衝撃的な事実**を知りました。それは、**65歳を超えて月収が一定以上ある場合は、厚生年金との二階建て部分がもらえなくなる**のです。

日本の公的年金には、日本国内に住む20歳以上の人すべてが加入する基礎年金と、企業などに勤めている人が加入する厚生年金があります。通常、厚生年金に加入している人は、65歳以上になったら、基礎年金に加えて厚生年金の分ももらうことになります。これを年金の二階建てと呼びます。

しかし、年金支給時の65歳以上になっても一定の収入がある場合は、基礎年金しかもらえないことになります。

具体的には、**月額37万円以上から、収入が上がるにつれて少しずつ減額されます。57万円以上になると、まったくもらえなくなる**のです。

これを**「在職老年年金制度」**と呼びます。

これは、年金の制度設計上の問題ですので、今後は見直しも検討されているようですが、現状では、**老後に働けば働くほど、年金がもらえなくなる**ということなのです。つまり、現在の年金制度は、65歳以上の人は働かなくて当たり前、**働くことに対してまるで、罰則・罰金を科すような状況**になっているのです。

しかし、本書を読んでいる人は、ぜひともそんな制度設計には逆らって、65歳どころか、死ぬ寸前まで、年金に頼ることなく、十分な収入を得られるよう、目標を立てていってもらいたいと思います。

お金を稼いでいる人と年金で暮らしている人の違い

なぜ、私が死ぬ寸前まで働くということを推奨するかというと、答えは簡単です。すでにこれまでの章でお話ししたことでもありますが、アーリー・リタイアした人、あるいは年金生活に入った人などと交流したり関わったりする機会がしばしばあります。

そこで会った人たちの印象から、私は、**自分でお金を稼いでいる人と、これまで貯めた資金と年金のみで暮らしている人では、まったく違う「人種」になってしまう**、ということを嫌というほど体感したからです。

やはり、**人からお金をもらうというのは、大変なこと**なのです。

そのためには、自分の生まれ持った才能を生かして、日々研鑽《けんさん》を積み、市場のニーズを満たしていかなければいけません。

そして、いったん労働市場から身を引いてしまえば、厳しい競争の世界から離れてしまうわけですから、どんどんと世間からズレていきます。

また、蓄えた資金は増えることはなく、使えば減る一方ですから、どうしてもケチくさくなります。新しいものに投資をしたり、新しいことにお金を使ったりすることに、どうしても躊躇《ちゅうちょ》するようになるのです。

増える見込みのない年金収入

年金生活の最大のリスクを一言で言うと、

アップサイド・ポテンシャル（上昇余地）がいっさいないこと

これに尽きると思います。どんなに策を講じたとしても、そもそもの年金支給額が上がることは、基本的にはありません。しかも、先ほども述べた通り、65歳以上になったときに中途半端に稼いでしまうと、かえって年金支給額が目減りしてしまうこともあります。そうなってくると、**人は変化を嫌い、満足な努力もせずに、守りに入ってしまいます。**

新入社員の頃は、たとえ給料が少なくたって、未来がありました。今後、どんなふうに給料を上げるようにしていけばいいか、考えて努力するための時間もありました。ところが、老後に支給される年金額というのは、物価スライドはするものの、全体のお金自体は増えもしなければ、減りもしないのです。

「そんなことはない。自分は年金生活になっても、世間とはズレずに、幸せのまま生きていく自信がある」とおっしゃる人もきっといるでしょう。

けれども、私たちは、無意識な領域に支配されている生き物です。意識的に行動していたとしても、常に無意識の領域が与える影響というものはとてつもなく大きいのです。

自分にアップサイド・ポテンシャルがない、そんな収入状況になったときには、意識的に自信があると言っていたとしても、残念ながら、無意識下の影響は強く、明るく生きる自信はなくなってしまうのです。

だからこそ、歳を取ってからも社会との関わりを持ち続け、自分自身でさまざまな工夫を凝らし、才能を生かすことができれば、収入が上がる可能性を確保し続けることができます。そんな老後を迎えるのが理想なのです。

お金は意外と儚いもの

個人事業を営んでいる人であれば、出費の多くを経費として使うことができますが、年金生活の場合、当たり前ですが経費算入はできません。

そうなってくると、自己投資のためにお金を使うとか、物を買って減価償却するとか、だんだんとやりづらくなっていくでしょう。

文字通り、本当に縮小均衡なのです。

まだ、年金生活までいきませんが、50代半ばで**アーリー・リタイアした友人たちを見ていると、資産総額に比べて、意外とお金の使い方は渋くなっている**のです。何億円という資産を持っていたとしても、数千円や数万円を使うことに、昔に比べて、ずいぶんと躊躇するようになってきました。

それもそのはずで、自分が何歳まで生きるのか、正直わからないのですから、せっかく作った資産は、なるべく貯めたままにしておきたいというのが、人情というものでしょう。

現在、仕事をしていないわけですから、**資産は減る一方**です。

当然、使い方もそれ相応のものになります。**なるべく減らさないように、倹約的な生活になっていきます。**

たとえば、3億円を持っていたとしても、年に1000万円ずつ使っていれば、30年でなくなってしまうのです。無限にあると思えるような莫大《ばくだい》な金額でさえ、**お金は意外と儚《はかな》いもの**なのです。

しかも、老後は、年金という収入が増えないのと同様に、フロー収入としてお金が入らない限り、資産は増えることなく、やはりただ減る一方なのです。

年金を受け取らない覚悟をする

100歳を終点とした人生設計に切り替える

第1章では、長生きリスクの三大要素として、身体的、金銭的、社会的といった3つのリスクを挙げました。このリスクすべてを一度に補えるような魔法の手段があります。

それは、**社会に貢献しながら収入を得続けること**。

すなわち、端的に言えば、**「仕事」**なのです。

仕事を満足に続けるためには、当然に健康にも気を使わなければなりません。

もちろん、一日8時間を週5日、フルタイムで働く必要なんてまったくありません。第2章でもお話しした通り、テクノロジーの発達がめざましい今日では、うまくやりくりすれば、一日4時間労働くらいでも十分になるはずです。それくらいの労働時間で、年金が減額される月額収入以上の収入を得ることができるのか、真剣に考え抜くのです。

もし、40代、もしくは50代の人で、その見込みはないだろうと考えている人であっても、私たちは望むと望まざるとにかかわらず、100歳まで生きざるをえないような時代を生きています。いやでも、あと人生は50～60年も残っているわけです。

それは、昭和の頃の人生80年計画だった場合に、まさに社会人なりたての時期から数えた、残りの人生の年数とまったく同じです。

人生の残り年数だけで考えた場合、社会人なりたての新人と同じような感覚で、生活設計に臨むことができるのではないでしょうか。

というか、そうしなければならない、と私は思います。

65歳をゴールとして、その後の35年間をひたすら、月々の年金やそれまで蓄えた多少の資産で暮らす。

そんな状態だから、結局、公共の図書館かスポーツセンターなど、お金がかからず暇がつぶせるところに、高齢者が殺到することになるわけです。

そのような生活は、大変、窮屈で、不自由だと思いませんか。

私たちに定年があり、高齢者になるにしたがって、働かなくてよいとされるのは、その年齢になれば身体はしんどくなり、頭も衰えるから、というのが常識的な前提でした。

しかし、こうした長生きにおける老化のリスク、つまり身体的リスクは第2章でお話ししたように、**30〜50代のうちから気を使って、意識的に予防法に取り組んでいれば、頭も身体も衰えないままで、70代、80代を迎えることは難しくない**でしょう。

当たり前のようにお酒を飲んで、白米を食べて、65歳を仕事の終点と考えて人生設計をしている人が大半の世のなかで、本書を読んでいるみなさんは、ぜひ、お酒や白米を控え、**100歳を終点とした人生設計に、いち早く頭を切り替えてほしい**のです。

年金を受け取らない覚悟

100歳を終点と考えたときに、まず重要になるのは、なんと言っても、「年金を受け取らない覚悟」をすることです。

たとえば、あなたがいま、45歳だったとして、「これから一生の間、月々30万円あげるからその代わりに仕事はいっさいしなくていいよ」と言われたとき、どう思うでしょうか。生活そのものには問題はないと思うでしょうか。

　私だったら、趣味にお金をかけて、美味しいものを食べて、そこそこ旅行にも行って、人付き合いもして、なんてことを満足にやりたいと考えたら、ちょっと足りないなと思います。そして、それ以上の収入のポテンシャルがそもそもないのですから、30万円未満でなるべく暮らそうと、さまざまな面で縮小均衡になっていく可能性が高いのです。

つまり、年金生活とは、私たちがこの先、何らかのかたちでもっと社会的につながりを持ち、お金を得るためのオプションを放棄することを前提としたうえで、得られる生活にすぎません。

いま、早く仕事をやめて、年金生活になりたい、楽になりたいと思っている人は多いでしょう。しかし、それが本当に自分にとって幸せなことなのか、もう一度、考え直してほしいのです。

老後の「時間リッチ」「キャッシュリッチ」を達成する

私は、時間もお金も十分に手に入れた自由な生活のことを、「時間リッチ」「キャッシュリッチ」と呼んでいます。

年金生活になると、確かに時間リッチは達成できるのですが、キャッシュリッチは厳しくなります。

繰り返しになりますが、年金生活でなぜケチくさく、お金に対して余裕がなくなってしまうのかというと、年金による収入が十分であるかないか、ということが大きな問題なのではありません。むしろ、いま得ている収入が今後、上昇する見込みがまったくないことが問題なのです。

私たちがいったい何に幸せを感じるのかというと、いまの幸せの絶対値に感じているのではなくて、**これから先の未来において、現状がさらによくなる可能性があることに幸せを感じる**ものなのです。

ですから、年金生活のように、何らかのかたちで固定され閉塞的な状況に陥ってしまうのは、不幸せの大きなリスクになるわけです。

もちろん、いきなり月額報酬57万円以上を稼ぐのは、難しいことなのかもしれません。しかし、将来的には**「年金が減る金額までは稼ぐぞ！」**という心構えは重要です。

また、すべてのフロー収入を労働による収入だけで得ようとするのではなく、ある程度、**リスクを分散させるためにも、資産からの配当を考えるべき**です。

金銭的リスクのコントロールは、「ドルコスト平均法」で解決

「世界株式インデックス」と「不動産投資信託インデックス」

私が、資産の投資先としていつもおすすめしているのは、**「世界株式インデックス」と「不動産投資信託インデックス」**です。

なぜ、この2つかというと、特定の株や特定の不動産の値段が下がることはありますが、**世界全体の平均的な株式の値段や世界全体の平均的な不動産の値段が右肩下がりにずっと下がり続けることは、資本主義という仕組みを前提にしても、その歴史を前提にしても、原則としてありえない**からです。

少なくとも、過去100年の間は、そんなことは起こりませんでした。

世界には各国の中央銀行が貨幣を刷り続けることによる金融資産のインフレーション、そして、人口が増えたり、さまざまな技術革新によって、経済成長が起こります。これらによって、短いスパンでの上げ下げはあっても、**金融資産は必ず平均的には値上がりしていく**ものなのです。

貨幣の発行数が増えていくことと、経済成長が起こることが前提となれば、世界株式インデックス、不動産インデックスのいずれもが、値上がりしていきます。

だからこそ、若いうちから**収入の2割ぐらい**を「ドルコスト」といわれる、毎月定額を積み立てる方法で天引きして、世界株式インデックスや先進国不動産投資信託インデックス、日本の不動産投資信託インデックスに、「ドルコスト平均法」で積み立てれば、数千万円から億円単位の資産が積み上がっていくのです。

なぜドルコスト平均法が中長期的に有利になるか

長生きすることによる最大のメリットのひとつは、こうした資産積立の複利の恩恵を強烈に受けられることです。

私が30代半ばから積み立てているさまざまな投資信託は、配当と元本変動を合わせて年間に、約4％から6％の複利で回ります。15年間でおおよそ2・5倍になっています。これがあと15年ごとに倍々になれば、その年間の配当だけでも年金の支給額を上回ることでしょう。

ちなみに、なぜドルコスト平均法が中長期的に有利になるかと言うと、同じ金額を変動する資産に対して売買する場合には、安い時にはたくさん買い、高い時には小さくしか買わないからです。

たとえば世界株式平均インデックスの基準価格がずっと同じであっても、細かい価格の変動だけで元本は大きくなってきますし、さらにそこに配当が加わるのでなかなか減らないのです。

10年単位、20年単位ではドルコスト平均法による投資の結果は増えていくということが実感できてくると、すぐにお金を使うのがもったいなくなってくることでしょう。

また、銀行に置いて、利息がまったくつかないお金もだんだんともったいなくなってくるはずです。

金融資産だけでなく、自分自身の市場価値も重要

金融資産の増やし方について触れましたが、社会的つながりのリスクについても考えたときに、やはり**重要なのは、私たちの労働市場での価値**です。歳を取れば取るほど複利の恩恵を受けられるのが、資産積立ですが、労働市場における価値も、歳を取れば取るほど、上がっていけばよいのです。

この人の仕事であれば、いくらでもお金を払っていいなどと思われるような存在になれるよう、さまざまな経験を積み上げていくこと自体、**人生の積み立ての複利**と言えるでしょう。

たとえば、若年層にしかできないような仕事ばかり長年行っていても、その人の仕事の価値は、まったく増えません。まるで現在の銀行預金のように、まったく増えないのです。

しかし、歳を取るにつれて、長い年月の経験や直感が生きるような仕事を選び続けていれば、生産性は10年ごとに倍々になっていくはずです。

労働市場において、オンリーワンの存在になれれば、どんどん収入は上がっていくことになります。

世間では、老後の資金2000万円という言葉が、ひとり歩きしているようですが、どうしても老後に金融資産がどのくらい残っているかを気にしがちです。

しかし、それ以上に大切なことは、いわゆる老後と呼ばれる年齢になったときに、どのくらい労働市場で通用する人間になっているかということでしょう。

つまり、**十分にお金を稼ぐスキルがあれば、実は金融資産は大していらない**のです。本人の市場価値が上がっているのであれば、金融資産がなくとも、20〜30年後の累計で考えると、その人は非常に高い無形資産を持っていることになるでしょう。逆に、すでに市場価値がなくなった人がいくら資産を持っていても、そこから減ることはあっても増えることはまずありません。

本人の市場価値が上がっている一方で、大した金融資産がなくとも20〜30年のその先の累計で見ると本人は非常に高い無形資産を持ってることになります。逆にもうすでに市場価値がなくなった人がいくら資産を持っていても、そこから減ることはあっても増えることはないのです。

人生の積み立ても始めよう

ドルコスト平均法は、私たちの資産を積み立てるのに有効な方法ですが、それと同じように、私たちは自分の将来に向かって、スキルや経験、キャリアを積み立てていく必要があるのです。

いま、私たちが送っている人生の時間は、今日この日のためだけにあるのではありません。そのうちの2~3割は、自分の将来を最適化するために、積み立てておくのです。つまり、自己投資に使ってほしいのです。

そのように考えると、お酒を飲んでいる暇はありません。ニュースやSNSの投稿をただ、だらだらと流して受信ばかりしている暇もないのです。

そんなことよりも、目的を持った読書をしたり、新しいスキルを獲得したり、学習や自分から情報発信を積極的に行うなど、若いうちの2~3割の時間を、どんどん積み立ててください。

それがきっと将来の自分の価値を上げていくことにつながるはずです。

お金に余裕がある間は誰でもだいたい良い人

100歳までキャッシュフローするためには

これまで紹介してきたような話をすると、「どんな仕事をすれば100歳まで、キャッシュフローが稼げますか」という質問もあるのではないかと思います。

しかし、それは1人ひとりが違う人間ですから、その人に合わせて個別に何か言うことはできません。そのためには、私が本書で書いてきたさまざまなヒントから、読者のみなさん自身が、自分で見つけるしかないのです。

たとえば、私には健康を維持するための食生活については、概要をお伝えすることはできます。ただ、逐一、みなさんに毎日のメニューまで指示して、ご飯を作ってあげることはできません。

それと同じで、私が100歳までキャッシュフローを維持できるビジネス・スタイルというものを、提供することはできないのです。それは、食事と同じように、読者のみなさん1人ひとりが自分で組み立てていくしかありません。

ロールモデルを持つ

ではどうしたらいいかというと、まず、**自分と同じようなスキル・セットを持っている人をよく観察して、死ぬまで元気に働いて社会貢献ができ、収入を得ている人のロールモデルを探して、そこからヒントを得るようにする**といいでしょう。

私自身は、コンテンツ制作者ですから、ロールモデルの1人として作詞家で音楽評論家の湯川れい子さんを尊敬しています。

多くのヒット作を手がけた湯川さんは、現在、85歳という年齢ですが、見かけも身体も若々しく、70代前半にしか見えません。そして、いま、エンジン01文化戦略会議という文化人団体で、副幹事長を一緒に務めさせていただいています。そのため、月に数回、お会いすることがありますが、その評論活動や動物愛護活動の継続はもちろんのこと、iＰａｄを使いこなし、ＳＮＳでさまざまな発信を行っています。

また、自身のプロデュース曲のベスト・アルバムを制作するなど、80代に入っても現役でバリバリ活躍していて、彼女のような生き方を私もしたいと考えています。

読者のみなさんにも、私にとっての湯川れい子さんのような存在が、きっといるはずです。ぜひ、探して、自分のお手本にしてみてください。

こうした話を総合して考えると、企業勤めで60歳、あるいは65歳で定年がきて、その後は年金暮らしという生活スタイルは、危険だということが直感的にわかっていただけるのではないかと思います。

お金に余裕がある間は誰でもだいたい良い人

私の人生訓のひとつとして、

お金に余裕がある間は誰でもだいたい良い人

というものがあります。

本人の性格の良し悪《あ》しではなく、どれだけお金に余裕があるかで、他人に対しての気遣いが変わるのです。また、ちょっとしたサービスに対してお金を払えるかどうかも変わってきます。この意味でも、**一生のうちにあまり生活レベルに変動を起こさないほうが良いのではないか**、と私は考えています。

現役でバリバリと働いている頃は、一時的にお金がたくさん入ったらついそのお金を使って贅沢《ぜいたく》をしがちです。しかし、お金をたくさん使って得られる幸せというのは、一定以上を超えると、意外とコスパが悪いのです。

私はカフェでもホテルでもチェーン店が好きなのですが、なぜかというと、市場の競争で淘汰《とうた》された結果、非常に優秀なコスパのチェーン店しか生き残れないのです。

そのため、たとえばミスタードーナツでおかわりし放題で308円のロイヤルミルクティーを好きなだけ飲んだり、一泊5000〜6000円くらいのスーパーホテルに躊躇なく泊まれるくらいのお金は必要だと思いますが、一流ホテルのカフェラウンジで2000円もするお茶を飲んだり、一泊4万〜5万円くらいする部屋を普段から使う必要などまったくないのです。

お風呂に入ったり、近所の公園を散歩したりするのには、ほとんどお金がかかりません。そのようなかたちでお金がかからない幸せというものを老後に向けて今のうちからトレーニングをしておいたほうが、お金をかけると得られる幸せよりも将来の安定につながります。

人に慕われるようになるのは、資産を持っているから？

財産は、経済の世界では、「地位財」と「非地位財」という言葉で区別することがあります。

地位財とは、高級外車や高級時計のような、他人との比較のなかで優位性を見つけて、優越感を満たし幸せを感じることができる財産のことです。

平たく言えば、**お金で買える幸せ**です。

また、**非地位財**とは、老後であれば孫から慕われたり、猫や犬を飼いその世話をしたりすることで、自分がゆったりと幸せを感じるようなものです。いわば、**お金では買えない幸せ**と言えるでしょうか。

少し酷なことを言うと、**高齢者の人たちは、自分の子どもや孫からどれくらい大事にされるかは、実は、その人が十分な財産を持っているかどうかの影響が色濃い**のです。

資産家の高齢者に対しては、意識的にも無意識的にも、その金銭の配分が得られる可能性がありますから、周囲の親族が慕ってくれる、ということもあるのは、事実なのです。

もちろん、それは100％遺産狙いというわけではありません。しかし、非地位財を手に入れるためにも、ある程度、金銭的な余裕はあったほうがよいというのは、なんとも皮肉な話です。

保険と遺産の考え方

保険は原則入る必要はない

高齢になることを見越して、どんな保険にどのくらい加入しておけばよいかと聞かれることがよくあります。

まず、**終身タイプの保険は基本的に不要**だと思ってください。

蓄財する、資産を作るという面では、手数料のもっと安いドルコスト平均法のような手法を使ったほうがずっと効果的です。

子どものいる人は、子どもが大学を卒業して独立するまでの金額を計算し、そのぶんの定期保険に入っておくことは、必要だと思います。ただ、子どもが独立して、自立した後は、わざわざ定期の保険を積み立てる必要もなくなります。

医療保険や損害保険についても、さほど必要はないと私は考えています。標準医療を受ける限りでは、高額医療費支給制度（高額療養費制度）がありますから、最大でも月額7万円程度で、医療費は抑えることができます。

長生きリスク軽減にはどれくらいお金が必要か

そもそも、長生きリスクを軽減するために、どのくらいお金が必要なのか、みなさんもいちばん気になるところなのではないでしょうか。

これについては、やはりその人自身が、その人自身の視点から、楽しいと思えるような生活を送るために、月額でどのくらいの金額が必要か、そのための資金をどのように補っていくか、自分で設計していくほかありません。

前述したように、お金を湯水のように使って幸せを買うのはコスパが悪いのですが、自分が快適な生活を送りたいと思った場合、躊躇せずお金を使えるかどうか、という基準も重要なのです。

遺産相続は原則、均等分配

また、少し細かい話ですが、遺産についてもお話ししておこうと思います。老後となると、いつか自分の資産を次の世代に残すことも視野に入れるようになると思います。

フロー収入だけでなるべく生活することを考えていくと、死ぬ直前まで働き、かつドルコスト平均法などの投資を通じて、意外と死亡時に資産が貯まっている可能性が高いのです。

その分割協議については、かなりの確率で親族が揉《も》めると思ったほうがよいでしょう。仮に、2人以上、子どもがいる場合は、家督を継いだ人や親の面倒を見た人などに、つい取り分を多めにしてしまい、不公平な分配をしたくなると思います。それは親の心としては、当たり前かもしれませんが、揉めることを避けるため、基本的にはすべて、公平な分配にしておくことを推奨します。

そのことは、なるべく生前に子どもたちと話しておくほうがよいでしょう。それが難しいならば、きちんと公正証書遺言など、法的に効力のあるかたちで遺書として文章を残してもよいと思います。

遺産の配分は、平等にすること。そして、あまりにも過剰に資産が貯まっている場合は、過剰な部分は寄付することも考えてみていいでしょう。そうすれば、莫大な遺産を手にして、子どもたちの労働意欲を削いでしまうこともなくなると思います。

結局、**お金はなんのために必要かといえば、私たちが自分の人生を快適に過ごすための潤滑油のようなもの**なのです。それ以上でも、それ以下でもありません。**過度の贅沢をする必要はまったくありません。**

しかし、自分が日常的に「このように暮らしたい」と思うライフスタイルを、気持ちよく送ることができるだけのフローとストックがあることで、私たちはいつでも自分らしく振る舞うことができるようになるのです。

お金を稼ぐことは最高のエンターテインメント

心の余裕はお金が作る

「どんな状態になると心の余裕が生まれますか」

そんなふうに聞かれることがあります。私は、**心の余裕というのは非常にシンプルで、健康とお金に不安がないときにしか生まれない**だろうと考えています。

健康とお金、とりわけお金に不安がある場合は、頭のなかの何十％かが、お金の不安で埋め尽くされてしまうので、余裕がなくなり、誤った判断が多くなります。その結果、さらにお金の面で損をしてしまうのです。

結局、お金の不安は、悪循環に陥りがちなのです。

また、老後の金銭的な不安として、持ち家がないと不安だという話があります。もともと、ご実家住まいで持ち家がある人は、そこまで不安も不自由さも感じないかもしれませんが、ずっと借家暮らしの方はどうでしょうか。

やはり、これも本人に十分な収入があれば、なんの問題もないのです。賃貸物件を借り続けることもできますし、資産のストックがあれば、中古住宅を含めて、一括で購入することもできます。ですから、いかに金銭的な余裕を持つかが、老後の不安を解消するカギなのです。

結局、高齢になってから、金銭的リスクへの対処を始めるのは、体力維持と同様で「時遅し」の可能性が高いのです。

ですから、20～40代の若いうちから、ドルコスト平均法をはじめとして、金銭的リスクに対し備えを作り、特に年金以外のフロー収入を獲得する方法を構築していくことが、遠回りなようで最も確実かつ堅実なリスク回避策なのです。

企業に勤めながら副業を始めたり、もしくは独立したりするのは、「怖い」と言う人も多いかと思います。しかし、私からして見れば、手に職がないまま60歳、もしくは65歳の定年を迎えてしまうほうがよっぽど怖いのです。

お金を稼ぐことは最高のエンターテインメント

また、なんと言っても私がつらいのは、新しいことにチャレンジできなくなることです。なぜなら、旧式の生活をそのまま続けることが、短期的にはコストパフォーマンスはよいからです。たとえば、古いバージョンのスマホ機種をずっと使い続けるようなものです。

しかし、そうすると、どんどん社会の進歩や時代の変化から取り残されてしまうでしょう。高齢になっても社会とのつながりを保ち続け、何らかのかたちで常にフロー収入を得られるようにすることは、市場の競争のプレーヤーであり続けるということなのです。そのようなヒリヒリとした環境のなかで、自分の競争力を下げないようにすることが、最高のアンチエイジングになるのです。

私たちは、一回しかないこの人生のなかで、さまざまな創意工夫で**お金を稼ぐというのは、最高のエンターテインメントである**、と考えるスイッチを押す必要があります。

第4章

老化と
社会的リスク

高齢者に社会的つながりがなくなる理由

私たちは無意識的に高齢者を避けている

これまでの章では、老化に伴う健康的なリスクや金銭的なリスクについて、詳しく説明をしてきました。

しかし、私は**長生きにおける三大リスクのうち、いちばん見逃されやすいけれども深刻なリスクは、本章で扱う社会的リスクではないか**と考えています。

まず、本書では何度も述べていますが、根本的に理解しなければいけないことは何かというと、私たちは死が恐ろしいということです。そして、死ぬのが恐ろしいために、死を連想させるものはすべて嫌いなのです。

目の前で自分よりも歳を取っていて、みるからに老けている人がいるのは、そ

れだけで死を連想させるため、すぐに避けたい状況なのです。

イメージしてみてほしいのですが、たとえばあなたがどこかのカフェにお茶をしに行くとします。そのとき、若い人がたくさんいるカフェと、高齢者ばかりのカフェで、値段もお店の雰囲気もまったく同じだったとしたら、あなたはどちらに行きたいと思いますか？

もし、高齢者がたくさんいるカフェでも、安くて美味しいのであれば、そちらに行くかもしれません。しかし、まったく条件が同じであれば、ほぼすべての人が、若い人がたくさんいるカフェを選択すると私は思います。

第2章では、老化とは人類すべてがかかる病気だという話をしました。私たちは、ありとあらゆる場面で、普通は病気にかかりたくないと思っています。

また、病気にかかっていたり、病気が進行している年寄りのそばには、なるべく近づきたくないと考えてしまうものなのです。

これはもう、どんなに否定しようとしても、本能的なものなので否定しようがない、厳然とした事実なのです。

ですから、私たちが年老いていくにしたがって、しなければならないことは何かというと、**「老化のマイナス面を補って余りある魅力を身につけること」**に他なりません。

人というのは非常に身勝手な生き物です。老化は怖いし避けたいのですが、年老いても生き生きと楽しく美しいまま生活している人を見ると、歳を取ってもいいな、ああなりたいな、などと思うものなのです。

つまり、**常に歳を取ったときにどんな自分になりたいかというようなロールモデルを、私たちは無意識的に探している**のです。だからこそ、「アンチエイジング」や「美魔女」のような言葉が流行するのでしょうし、そうした要件を満たした人たちはスターなのです。

高齢者差別という現実に向き合う

老化に伴うリスクは見かけだけではなく、もっと**深刻なのは中身の老化**です。普通に老化が進むと、考え方の柔軟性がなくなったり、あるいは行動が遅くなったり、頑固になったりします。また、新しい技術や変化についていけなかったりと、さまざまな弊害が起こりがちです。

私たちは、高齢になった人とあまり付き合いたくないと直感的に思うのは、見かけが死へのイメージを喚起しやすいのと同時に、自分たちと価値観やセンスが合わないのではないかということなのです。

こんなことを書くと、当然、高齢者差別と言われるため、ほとんどのメディアや書き手たちは、明言することは避けています。

しかし、**こうした高齢者差別的な見方があるのに、そうした現実を見えないようにしながら、高齢を迎えるのは偽善でしかありません。**自分たちにとってもリスクになると思うからこそ、私はここできちんと書いておきたいと思います。

心の若さを保つこと

人生100年時代を迎えるにあたり、とにかく私が大事だと考えるのは次の点です。

身体だけではなく、精神状態を老化させないこと。
若い世代との社会的なつながりをしっかりと保つこと。

身の回りで60代後半から70代、あるいは80代の人であっても、とてもおしゃれで機敏で体力があり身綺麗な人たちは、若い人たちの憧れの的です。

体型なども日々の鍛錬をしないとだんだんと衰え、筋力が下がったり、腰が曲がったりと見栄えも悪くなります。見かけに気を使っている人は日々の運動をして、そうした印象をまったく与えないのです。

ファッションについても、時代とともに大きく変わっていきます。ですから、日々、ファンションセンスも磨いていないと、すぐに時代遅れになります。**ファッションについて勉強し、今のトレンドについていける人は、ファンションに限らず、さまざまな価値観に対して敏感である**ということが、見かけからわかってくるのです。

さらに社会的に仕事を続けられるかどうか、というのも大きなポイントです。私たちは不労所得ばかり得るような生活になると、びっくりするくらい勉強意欲も衰えます。そういう人の話題といえば、旅行とゴルフ、食事くらいの話になってしまいます。

もちろん、私も旅行もゴルフも食事も好きですが、やはり社会でどのようなことが起きているのか、もっと別の話題での会話も楽しみたいのです。いまどのようなビジネスが興味深く、どのような技術革新が起こり、法制度などにおいてはどんな変化があるのか。こういった話題で会話をするには、やはりそれなりにアンテナを張っていないとできないことでしょう。

私はSNSでいろいろな人の投稿を眺めるのが好きです。私とはまったく違う人がいろいろなことにチャレンジしているのを読んだり、見たりすると、思わぬところで新しい情報が得られるので楽しいのです。

このように、50歳を過ぎると、だんだんと自分のこと以外にも積極的な興味や好奇心を持って、実験したり、考えたりして、社会参加をするタイプの人と、自分の興味の範囲内であるゴルフや食事の話ばかりしかしない人という2つのタイプに分かれてきます。

美食やゴルフというのは、ある意味お金で買っている幸せです。しょせんは人から与えられたフレームワークのなかで、ぐるぐると回っているだけなのです。

せっかくある程度、歳を取ってきたのですから、いろいろな人に楽しんでもらえるようなフレームワークや社会的なプラットフォームを提供できる人間になれたほうが、より楽しい人生になるのではないでしょうか。

老化の始まりは20代後半から

そもそも、老化はいったい何歳くらいから始まるのかというのは、議論もありますが、20代後半くらいをピークに、心身ともに老化を防止するように鍛えておかない限り、衰えてくるというのが定説になっていると言えるでしょう。

現在のところ、老化についての根本的な治療はまだ確立されていません。しかし、その進行を遅れさせる方法は、さまざまに研究が進んでいます。より身体的な側面については、本書の第2章を参考にしてもらうとよいと思います。

外見の老化より中身の老化に注意と先にも述べましたが、社会的なつながりを維持して、ただ自分のためだけに生きるのではなく、人のためになるようなことをすることは、中身の老化を防ぐことにもつながります。

一生働ける仕事を選ぶ

厳然とある能力主義

以前、私は遺伝子検査を受けたことがあります。もともと、親族にはほとんど認知症の人がいませんでしたから、そういう遺伝の家系なのかなと考えていました。検査の結果、やはり遺伝的に認知症になりにくいグループでした。

ただ、自分の親の世代を見ていると、ただ認知症にならないだけでは老後の充実にはまだ足りません。長生きをすればするほど、同世代の友人は少なくなっていきますから、下の世代の友人と深いつながりを持たないといけないのです。

そのためには、単に頭がしっかりしているだけではダメです。若い人たちと付き合うための体力も必要ですし、相手と台頭に話ができるような、社会的な知性も地位も必要になるでしょう。

そう考えたときに、みなさんに割り切って考えてもらいたいのは、**長生きで楽しく幸せに暮らすということは、ある意味サバイバルであり、能力主義だということ**です。

現代社会は行きすぎた能力主義が問題視されています。能力や学歴による差別は著しく、そうした能力や学歴によって、1人ひとりの価値観や幸福度も変わってくる能力格差社会になりつつあります。

このこと自体は、私も大きな問題だと思いますし、対処すべき問題だとも思います。しかし、私たちが高齢者になる頃までのことを考えると、将来的にそれが一気に修正されるとも思えません。だからこそ、自衛のためにもできることはやっておかなければならないのではないでしょうか。

一生続けられる仕事とは何か

ホワイトカラーと呼ばれる職業の多くは、だいたい新卒から65歳までを前提とした仕事の組み立て方になっています。そうしたライフサイクルの枠組みを外れると、仕事の選択肢は激減してしまいます。

一部の企業では、65歳を超えても好きなだけ勤められるような仕組みを導入したところもありますが、早期退職したいという声がいまも多いのはなぜかというと、一定の枠組み、つまり小さな裁量のなかで、株主や経営者など、他人のために働かなければいけないという構造が厳然としてあるからでしょう。

したがって、この本を読んでいる30～50代の方々には、いったい自分が50～60代半ば以降、どのような仕事形態であれば、一生、仕事をしていくことができるか、ということを人生の最重要テーマとして設定してもらいたいのです。

定年後の働き方としては、駐車場やマンションの管理人、ゴルフ場の案内など、比較的ブルーカラー的な仕事が多いと思います。これはなぜかというと、ブルーカラーの仕事は、もちろん体力のいる仕事もありますが、だいたいは年齢にかかわらず、本人のやる気があれば、いくらでもできるからです。

どうしても私たちは、より良い賃金体系を目指して、一定以上の賃金がない仕事は、つまらなくて価値がないと思って切り捨ててしまう傾向があります。特に、ずっと企業勤めだったホワイトカラーの人々には、ブルーカラー系の仕事を軽んじる傾向があると言えるでしょう。

しかし、資本主義の社会において、賃金自体は需給関係と使われている技術によって自動的に決まっているので、そこに従事している労働者本人の価値とは、まったく関係がありません。

歳を取れば取るほど信頼性が高まる専門職

自分がどんな職業選択をすれば、長く働き続けられるのか。専門職のように、知識や経験を蓄積すればするほど、顧客の信頼が得られ長く続けたことが功を奏する仕事はどこにあるのか、ということを真剣に考える必要があるでしょう。

弁護士や税理士、会計士といった専門職はもちろんのこと、学校の先生やスポーツのコーチなども、その人のスキルや経験が蓄積されることで、より教え方も仕事の進め方も上手になります。つまり、老化が進んで心身の能力が下がらないのであれば、歳を取れば取るほど、高齢者になればなるほど、信頼性が高まる

仕事は、けっこうあるのです。できるだけ早い段階で、そうした仕事に就けるように考えることが大事だと思います。

企業に勤めていた人であっても、人事管理や技術顧問のような専門職に就いていた人たちは、その後も中小企業やベンチャー企業などを立ち上げて、活躍しています。

このように、どのようなかたちでもいいから、手に職を持つということが、人生100年時代の生き方においては、本当に大切だと思います。

20～30代のうちから一生働ける仕事を選ぶ

「自分は、もう40代だから」「もう50代だから」と言って躊躇する必要はまったくありません。

繰り返しになりますが、**私たちは100歳近くまで働くことを目標にしたときに、40歳や50歳はまだまだ折り返し点にさしかかった程度にすぎない**のです。いままでの自分の人生と同じくらいの時間がまだ残っているのです。

ですから、**いまから準備しても遅くはありません。**

その意味では、**20~30代のうちからどんな仕事を選ぶかを、ちゃんと考えておいたほうがいいかもしれません。**

営業のような仕事であれば、どんな職業でも汎用《はんよう》性があります。ですから、何歳まででも仕事ができます。

社会人になりたてのころは、きっと自活するためにお金を稼ぐという発想だっただろうと思います。

しかし、キャリアを重ねることで、お金よりも社会参加という意味合いで働くことが色濃くなっていきます。実際、これも前にお話ししたことですが、会社売却などで人生の数回分は遊んで暮らせるような莫大なお金を手に入れた友人たちも、実際に遊んでみたところ3カ月しかもたなかったそうです。そして、みんな仕事に復帰しています。

仕事という名の社会参加

私たちは社会参加というと、つい選挙活動やボランティア活動のようなものを想像しがちです。

しかし、仕事をして、その仕事により社会を支え、賃金や報酬を得るというのが、どれほど重要な社会活動だったのか、ということに、定年後、職を失って初めて気づくのです。

健康を維持するのには、病気になって治療するよりも、予防のほうがずっと簡単です。これと同じように、定年後に一度、仕事をやめてしまうと、再就職するのはとても大変なのです。運よく再就職できたとしても、仕事の勘を取り戻すのは、さらに大変でしょう。

また、企業勤めだった人が定年後にいきなり独立して失敗する例もあります。

私の周囲で、大企業やある程度の中堅企業の経営陣を担っていた人が複数いますが、働いていたときは、とても魅力的な人材に見えました。

しかし、定年して独立したところ、正直に言えば、昔の恩義があるので多少の付き合いを続けてはいますが、元から独立して働いていたのなら、残念ながら、私は一緒に仕事はしなかっただろうなという人たちが大半なのです。

30代くらいから定年後を見据えた仕事選びも大切ですが、どのような人たちとその後も付き合っていけるか、自分自身の基盤作りもとても重要です。

自分が所属していた企業や組織の看板がなくなったとしても、相手が気持ちよく自分と付き合ってくれるかどうか、そういうつながりを持てるかどうかが、社会的つながりにおける本当の勝負と言ってもよいでしょう。

自分のことは自分で面倒を見るようにする

付き合いたくない高齢者にならないために

本章では仕事のつながりについて、中心にお話ししてきましたが、100歳までを見据えると、仕事仲間だけではなく、友人選びもずいぶんと違う視点に立つことになると思います。

お互いに配慮し合い、お互いの人生を充実させるために切磋琢磨《せっさたくま》し協力し合うことができる人たちは、付き合っていてとても気持ちがよいものです。しかし、なかには、あまりに自分中心で、自分が相手のために何かするのではなく、相手が自分のために何をしてくれるのかということだけを求める人間も、決して少なくありません。

そうした人たちは、若いうちにはやる気がある、好奇心旺盛の楽しい人だったのかもしれません。

しかし、50〜60代を過ぎる頃になってくると、ただ単にわがままで付き合うと疲れる迷惑な人たちに成り果ててしまうことがしばしばです。

そうした人たちからお誘いがあるときは、私はなんだかんだと細かい理由をつけて、ほとんど断ることにしています。

人生100年時代において、社会的つながりの観点から見れば、どんな人たちと人間関係を構築し、あるいは関係するのを避けるか、といったような人間関係のデザインが、私たちの老後を決めてしまう、ということになります。

また、逆に自分がそういう迷惑な人間になってしまわないとも限りません。

具体的な危険サインを挙げると、過去の自分語りが多くなったり、自分の経験や才能ではなく、自分と付き合っている人の自慢話が多くなると、要注意だと思います。また、特に求められてもいないのに、相手の見かけや話し方、付き合っている人間に対して、わざわざ介入してきて意見を言ったりするのも、危険サインでしょう。

ある程度、歳を取ってくると、それまでのキャリアの蓄積とフローのバランスが重要になりますが、これは金銭面でもまったく同じです。

フローのなかでバランスを取った付き合い方をしないと、結局、これまでの信用の蓄積を使いつぶすだけなのです。

ギブの五乗で運気を上げる

いろいろな人を観察してみて、本当に面白いと思うのは、運の良さというのは、短期的にはばらつきがあったとしても、中長期的にはその人が運が良くなる行動をしていると、やはりだんだんと良くなるものですし、運が悪くなる行動をしていると、やはりだんだんと運気が下がってくるのです。

運が良くなるにはどうしたらよいかというと、私は「ギブの五乗」と呼んでいます。

世のなかには、「ギブ・アンド・テイク」という言葉があります。他人に対していいことをすると、自分に返ってくるということですが、これをもっと突き詰めて、自分の得意技を見返りを求めずに、「ギブ」しまくるのです。

すなわち、「ギブ・ギブ・ギブ・ギブ・ギブ」です。

それくらいの気持ちで、徹底的に利他を追求したほうがもっとうまくいくというのが、「ギブの五乗」なのです。

ですから、自分のことばかりでなく、いろいろな人に対していろいろな場面で、貢献をし続けるのがいちばんよいのです。それは、仕事での貢献でもよいですし、私生活における友人関係などの貢献でもよいのです。

フェイスブックやインスタグラムなどのSNSに顕著なのですが、とにかく自分語りが多くて自慢話が多いタイプと、自分の体験した情報のなかで面白いものを他者と共有してくれるタイプでは、後者のほうが中長期的には明らかに運気がよくなるのです。

自分が構築した社会的つながりを自分のためだけに使うか、自分のネットワークのなかでつながれる多くの人が得をするために使うのか。どちらの視点に立つかで、運気の上がり下がりが左右されるのだと、私は考えています。

家族やパートナーとの関係

また、歳を取ったときの家族やパートナーとの関係や役割がどうなるかについても、考えてみたいと思います。

仲のよい家族や気の合うパートナーがいることは、それに越したことはないと思います。しかし、実際の生活のなかでは、家族やパートナーだけではなく、**友人の存在が非常に大きな役割を果たしている**のではないでしょうか。

会話をするのも、一緒に暮らしている家族よりも、実はたまに会う友人のほうが、はるかに時間が長かったりするのではないでしょうか。

人によって性格の違いもあると思いますが、どちらかというと**私は自由への欲求が強い**ほうなのです。

どうも**人とペースを合わせて暮らすというのが苦手**です。1人でふらふらと出かけたり、車でどこかに行ったり、カフェで仕事をしたりと、気の向くままにふらふらするのが大好きなのです。

誰かと一緒に暮らす際のポイントは、自分の生き方を押し付けないことでしょう。他人に自分の生き方を合わせるように強要するのは、わがままです。

しかし、1人で周りに迷惑をかけない範囲で、どこかふらふらと出かけたいときは、行き先や連絡先をちゃんと告げてから、自由に過ごすのです。

孤独死を恐れない

1人で暮らしていると**孤独死を心配する人も多い**のではないかと思います。

孤独死対策としては、やはり基本は健康に気を使うことです。そして、いざとなったときにちゃんと連絡がつく家族や友人がいれば、**死ぬ寸前まで1人で暮らすことも難しくない**と思います。

私が1人でふらふらと自由気ままにするのが好きなのは、どうやら遺伝のようで、亡くなった私の母も、そういう人でした。

母は89歳で亡くなりましたが、その3カ月前まで、父が亡くなってからずっと1人暮らしを楽しんでいました。

認知症もなくずっと元気だったのですが、眠れなくなってしまい、気力もなくなり具合が悪いので病院で診てもらったところ、大腸がんのステージ4でした。

しかし、入院した後もサバサバしたものでして、

「もう随分と人生を楽しんだので、本当は早くさっさと向こうに行きたいから、注射の1、2本打つので済ませてくれればいいんだけど、病院の仕組みがそういうわけにはいかないんだから、面倒臭いわよね」

などと言いながら、各種の検査を嫌々受けていたのが印象的でした。

そして、入院から3カ月弱、最後の1カ月は緩和ケア病棟に移り、兄に見守られながら、眠るようにして亡くなりました。

1人暮らしが孤独で寂しいと言うのは、1人暮らしが好きでない人の言い分なのかもしれません。逆に私と同じように、1人暮らしが大好きなタイプの人のなかには、1人で最後まで暮らしたいと思っている人も少なくないでしょう。

これは、もう各人の性格と選択によるのだろうと思います。

介護施設に入るだけの蓄えをする

母を看取ったのは兄でしたし、最後は病院でしたから、私は介護の経験がありませんが、やはり、自分が**介護を必要とするような状態となって、娘たちに迷惑をかけるのは嫌**です。なので、毎日長い距離を歩いて、せっせとゴルフクラブやスポーツクラブに通い、食生活に気を使うのは、そのためでもあります。

もし、**本当に介護が必要になったら、施設に入ろうと思います**。

介護施設に入るには、なんと言ってもお金が必要になります。持ち家は必要ないと思っていますが、いざとなったときに十分なサービスを受けられる施設、しかも子どもたちの家からさほど遠くないところに入るには、数千万円以上のお金が必要になります。

そのぶんを子どもに頼るのは論外です。**しっかりとドルコスト平均法で貯めておきたい**と思います。

自分のことは自分で面倒を見る

男性よりも女性のほうが寿命が長いというのは、もともと女性のほうが病気になりにくいということもありますが、もうひとつ大きな要因として、**女性のほうが家事能力に長《た》けている**ということもあるでしょう。

家事をすることで、こまごまと動きますし、清潔で健康的な生活を、自分で保つことができます。もちろん、そうしたことを男性も心がければ、寿命だって女性に近づくのではないかと思います。

男女問わず、自分のことは自分で面倒を見ることができて、死ぬまで1人暮らしをするというのはひとつの理想だと思います。

幸い、現代ではさまざま調理家電や自動のロボット掃除機など、各種家電が揃っています。こうした**テクノロジーを活用すれば、たとえ高齢になったとしても1人暮らしで快適な生活をすることは、まったく問題なくできること**でしょう。

自分を頼りにする存在を持つこと

この人のように歳を取りたいと思われる存在になる

これまで本章でお話ししてきたように、私たちが歳を取って何がいちばん怖いのかというと、それは社会において邪魔者にされるというリスクです。

誰しもが年老いることを嫌います。そのため、基本的に魅力がない高齢者には、自分の近くにはいてほしくないと思うのです。

そう思ってしまう感覚は、長年を通じて形成された文化のようなものです。私たちが一朝一夕で簡単に変えられるものではありません。

能力主義を完全には否定できないのと同じように、魅力のない高齢者を忌避する若者たちの感覚を変えることは、私たちにはできないのです。

これまでの経験の蓄積を生かしてより魅力ある人材になり、しっかりと仕事で活躍する。知恵や知識を蓄積し、人間関係を充実させ、ある程度の金銭的な余裕によって心の余裕も備える。

こうしたことを通じて、

「この人のように歳を取っていきたい」

「この人であれば一緒にいたい、もっともっと話を聞いていたい」

そんなふうに思ってもらえるような人物にならないと、70代、80代になったときに、私たちの人生はただ先細りするだけなのです。

これは、私が意地悪で言っているのではありません。

厳然とした現実の出来事なのです。

だからこそ、老化に伴うマイナス面を最小限に抑え、長生きのメリットを最大限に生かすことで、社会的つながりを維持し、かつ自立している魅力的な高齢者を目指してください。

第5章

これからの年代別のリスクを想定していく

私たちは嫌でも年代別に判断される

40代を過ぎたら自分の老化を省みる

第2章から第4章までは、身体的、金銭的、社会的リスクという、長生きに伴う三大リスクを一緒に考えてきました。

第5章では、これまで考えてきた長生きリスクについて、それぞれ具体的な年代別に見ていきたいと思います。

全体を通して言えることは、前章までにお話ししてきたように、

少なくとも40代を超えてくると、年齢よりも若く見える人は総じて人気があり、年齢よりも老けている人は総じて人気がない

ということを改めて意識しましょう。そして、特に同世代よりも下の世代の人たちにとってこれは顕著なのです。

また、何度も繰り返してしまい恐縮ですが、それほど強く意識してもらいたいのは、自分が年老いていき、どんどん死に近づいていっているから、高齢者を見たくないし、付き合いたくない、ということです。

ですから、反対に年齢よりも若く見え生き生きとしている人は、若い人からも同世代からも人気があるのです。

年代別で見られるのが現実

先述しましたが、私はよく平日に1人予約をしてゴルフをすることがあります。そのとき、すでに予約している同行メンバーの性別と年代だけを確認することができます。

そうして、実際に一緒にラウンドを回ってみると、60代くらいまではあまりリスクを感じないのですが、70代以降の人については、どうしてもリスクを感じてしまいます。

ゴルフのプレーが遅かったり、昔ながらのゴルフ・マナーしか知らないため、ボールの前に平気で出るなど、マナー違反をする人が多いのです。

もちろん、こうした傾向は各人を見て、判断しなければならないとは思いますが、どうしても年代別にそういう人が多い傾向が見られます。

ですから、性別と年代しか相手の情報がわからないときは、**つい高齢者かどうかで（この場合は70代以降かどうか）相手を判断**しようとしてしまうのです。

これは私だけの判断ではなく、割と多くのゴルフ仲間が、

「80代の見知らぬ人とプレーすることは原則として避ける」

「70代の人にも注意する」

と明言していました。そんな感じですから、逆に70代で若々しく、いまどきのマナーも守れる人がいると、みんな驚愕《きょうがく》するほどなのです。

ですから、私たち自身も歳を取るにしたがってそうした年代別に分けられた見方で判断されるであろうことを前提にしていかなければなりません。

ここで、現実を無視して、綺麗事《きれいごと》を言っていては何も始まらないでしょう。

リーダーシップがあって、包容力があって、若々しく、若い人たちのフォロワーもたくさんいて、いろんなイベントを率先して主催している高齢者の方も、たくさんいます。

そうした人たちは、若者たちの憧れであり、若者たちは、その人たちについていきたいと思うのです。

ですから、各年代別のリスク対策として全般的に言えることを、一言でまとめるなら、結局、**「人気者の高齢者を目指そう」**ということになるわけです。そのためには、心身の衰えを防ぎ、ひと昔前の常識を振りかざすこともなく、若者たちの価値観をよく理解していることが必要になると思います。

60代の長生きリスク

60代は金銭的リスクに気をつける

それではそれぞれの年代別のリスクを一緒に考えていきましょう。

まず、最初は60代のリスクについてです。

この頃は、当人はまだリスクを感じていないかもしれませんが、実際には大きなリスクがすでに目の前にやってきています。

それは、なんと言っても、定年です。仕事の面において大きな変化が訪れるということです。ある程度専門的なスキルがあり、能力がある人は、顧問職に就任したり、再就職の道が選べる場合もありますが、専門的なスキルがない人のほとんどが年金暮らしに移行する年代です。

その意味では、身体的リスク、金銭的リスク、社会的リスクの3つのリスクのうち、金銭的リスクが最も脅かされる年代なのです。

身体的リスクについては、少なくともある程度、節制ができている人にとっては、ほとんど影響は見られません。しかし、逆にアルコールや喫煙などの習慣によって、身体をいじめていた人にとっては、**50代半ば～60代前半にかけて、急激に血糖値や中性脂肪の数値が悪くなる年代**でもあります。

そのため、これくらいの年代から慌てて節制し、禁酒・禁煙をする人が増えると思いますが、正直、予防よりも治療のほうがお金も時間もかかるのです。

60代のリスクを減らすには、**50代より手前から、その健康について気を使いながら行動しておくべき**です。

定年は社会的リスクにもなる

加えて、これまで仕事があることでつながっていた人たちとも急に疎遠になる意味では、**社会的リスクも高まる**でしょう。

現代日本では、いちおう、身分制度はないとされていますが、上級国民・下級国民といった言い方がある通り、実質的には存在しています。

たとえば名の通った**大企業に勤めているかどうか、というのはある程度の身分を保証するひとつのステータス**になっています。

そこからいったん**離れてしまうと、急に社会的な扱いがぞんざいになる**ことは、十分に覚悟しておいたほうがよいでしょう。

60代になったときに最もやってはいけない行動は、それまで勤めてきた会社や社会人経験の自慢話だと思います。

女性が接待してくれるような場所であれば、ちゃんとサービス料としてお金を払っていますから、自慢話をしてもちやほやして聞いてくれるでしょう。

これはあくまでも、本人もしくは本人が勤めていた会社が料金、つまり迷惑料としてのお金を払ってくれているから、話を聞いてくれているにすぎません。

そのお金がなくなったとたん、そんな話は誰も聞いてくれないと思ったほうがよいでしょう。

70代の長生きリスク

70代は身体的リスクに要注意

60代を過ぎ、70代にさしかかると急に問題になってくるのが身体的リスクです。内臓の機能や手足の筋力が急激に低下し、これまで当たり前にやっていたことがだんだんとできなくなってきます。

判断力や瞬発力も低下するため、運転のリスクが高まり、テニスやスキーといった瞬発力を必要とするスポーツを楽しんでいた人のなかで、大怪我をする人が出てくるのも60代後半〜70代前半にかけてです。

金銭に関しては、60代の定年時に急激に収入が下がったときに比べると、年金生活で暮らしながら、一部は労働収入を得るというバランスも落ち着いてきている頃だと思います。だんだんと恒常的なバランスがとれてきますので、60代の頃のような大きなリスクや変化は感じないでしょう。

70代の社会的リスクは身体的リスクから誘発される

判断が難しいのが社会的リスクです。70代くらいが、見かけも若々しさもばらつきが大きくなってくる年代のため、**若い年代の人たちと付き合い続けることができるか否かの分岐点になる可能性が高い**のです。

たとえば、今の若年層と関係性を保とうとするなら、スマホやSNSほか、情報リテラシーが不可欠です。

70代でいまだにガラケー、あるいは携帯電話のメッセンジャーしか使えない人と、自由自在にスマホもタブレットも使いこなせる人とでは、若者にとって付き合いやすさがまるで違います。

そうしたリスクがあることを覚悟して、60代になっても70代になっても、情報リテラシーは維持し続ける必要があると思います。

ちなみに、なぜ、70代になった人たちの情報リテラシーが衰えてしまうかというと、うまく自分の身体が使えなくなってくることに原因があるのではないかと思っています。自分の思い通りに指先を動かしたり、手の筋力を保って、いままで通り重いものを持ったりすることが、どんどん難しくなってくるのです。

さらに、手足がうまく動かせなくなると、認知能力も下がってきて、認知症のリスクも高くなると言えるでしょう。

ですから、70代からは身体的リスクについて十分に管理し、柔軟な心を保ちながら、情報リテラシーの水準を落とさずに、自分の年代よりも下の人たちとも関わり合いを続けられるようにする、という心構えが必要になるのです。

80代の長生きリスク

80代は歩けなくなるリスクが高まる

80代になったときに必要になるリスクマネジメントの筆頭は、私は歩行スキルだと思っています。

死ぬまで自分の足で歩くことができるかどうか、ということは生活のQOLを左右してしまうほどに重要です。

もちろん、私たちの足腰というのは、80代になって急に悪くなる、というわけではありません。若いうちから年齢を重ねるごとに、腰や膝、足や背骨などが少しずつ歪《ゆが》んできて、徐々に悪くなっていくのですが、その**閾値《いきち》を超えて、急激に歩行できるかできないかに至るのが、80代**なのです。

したがって、40～50代のうちから、**「80代あるいは90代になっても自分の足で歩くんだ」**ということを目標にして、足腰を鍛えないと、その年代を迎えたらあっという間に歩けなくなってしまうのです。

私は一日1万歩歩くようにしていますし、電車のなかでは座席に座らないように心がけています。これは自分の80代の歩行リスクを見極めた、マネジメント行為なのです。

いまのところ、第2章でもお話ししましたが大人の健康診断（身体測定）の範囲では、90歳になっても自分の足で歩ける筋力が保てているという判定をいただきました。そうした診断を定期的に受けることもおすすめします。

金銭的リスクに直面する80代

また、実は80代で大きなリスクを抱えてしまうのが、**金銭面**です。

なぜかというと、60代で仕事をやめたとき、**多くの人が80代のうちに自分は亡くなるだろうと想定して老後のお金の使い方を決めてしまいます。**しかし、実際には90代、あるいは100歳まで生きることも可能になりつつある現代では、そのような考えでは、急激に資産額が心もとないものになってしまうのです。

特に歩けなくなってしまった後に必要になってくるのは、**施設に入る準備を整える**ことでしょう。

家族に介護をしてもらうという選択は、家族の不安や負担につながりますので、そこは専門技術のある介護士などがいる施設でお世話になったほうが、本人も家族も安心で、お互いの幸せになる可能性が高いと私は考えているのです。

その際には、施設に入れるだけのお金を準備しておかなければなりません。

そういう意味では、**70代、あるいは80代前半で、そこそこ歩ける時期に、自分の足でそうした介護施設を見て歩いて、自分が歩けなくなったときにはどの施設に入居すべきかを考えておくとよい**でしょう。

必要な入居費用の月々の額を具体的に計算し、リスクマネジメントすることをおすすめします。

孤独のマネジメントも心がけよう

また、80代でさらに**マネジメントが必要になるのは「孤独」**です。

80代は、いくら寿命が延びたとはいえ、自分と同じ年代の友人や知人たちも、健康が衰え、なかには亡くなったりする人も出てくる年代です。**徐々に同年代の友人・知人も減ってきます。**

このときに、70代からの準備として、若い年代の人たちと十分に付き合いができるようになっていなければ、**80代に入ってから新たに年下の友人を作るなんていうことは非常に難しくなります。**

そのとき、そうした自分の孤独とどう付き合っていくか、考えてみなければならないのです。80代の孤独を防ぐ方法は、やはり、**70代のうちから社会的リスクのマネジメントに投資をしておくこと**に限ります。

90代以降の長生きリスク

90代以降は施設に入ることでリスクヘッジされる

90代以降になると、1人で生活すること自体、相当なリスクが伴うようになります。ですから、施設に入るなど何らかの補助が必要になるので、その点をきちんとマネジメントしたほうがよいでしょう。

多くの人が家族に囲まれながら老後を送りたいと考えているようです。しかし、実際に老後マネジメントの専門家たちと話してみて、ほぼすべての専門家が口を揃えて言ったことに、

「良質な施設に入ることが老後生活において最も幸せな道である」

というものがありました。彼らの話のなかで、いちばん印象に残っています。

私自身も90代以降は施設に入ることを前提にして、自分の人生をマネジメントしたいと考えています。

また、その際に孤独にならないように、身体を大きく動かさなくてもできるレクリエーションとして、麻雀を覚えておくといいと思って、40代の頃に麻雀のプロ資格を取得しました。

50代のいまは、年間100ラウンドくらいゴルフをやっていますが、80代前半ならともかく90代以降までゴルフができる気はまったくしません。ですから、麻雀のように、**ある程度身体能力が衰えた状態になっても、社会的つながりを保つためにどうしたいいかを考えた趣味を、いまから準備する必要がある**のです。

ここで想定している80代以降、90代以降の健康というのは、今後いつか可能になるであろう、iPS細胞を活用した再生細胞の治療や、老化の遺伝子を特定して働きかける遺伝子治療を前提にしてはいません。

そうしたことが可能になれば、私たちは80代、90代以降も自分の身体的リスクを心配する必要は薄れてくるでしょう。

その場合、治療を受けられるだけの金銭的な余裕と、若い人とも対等に付き合えるだけの社会的リスクのマネジメントがより重要になっていくと思います。

100歳以降のリスクマネジメント

100歳以降のマネジメントについては、52歳の私にとっては、いまのところ想像の外になります。

ただ私の理解では、**100歳以降も健康を保っている人のほとんどは、上手に社会的なつながりを維持してきた人たちが大半**です。

私の目標のひとつは、100歳になっても執筆活動を続け、講演活動を続け、あるいはYouTubeのようなさまざまなコンテンツ発信をデジタル上で続けることです。その頃にはすでにVR（バーチャル・リアリティ、仮想現実）やA

R（アグメンティッド・リアリティ、拡張現実）が中心になっているかもしれませんが。

「あんな100歳になってみたい」と言われるような、ロールモデルとみなされる100歳になることを目指して90代までのリスクマネジメントを行っていきたいと思います。

年代別長生きリスク

年代	高まるリスク	内容
60代	金銭的リスク (潜在的には社会的リスクも)	・定年による収入の変化。 ・年金生活の始まりにより、倹約した生活が始まる。 ・企業というステータスが定年後に無くなるため、これで通りの人付き合いができなくなる。
70代	身体的リスク (潜在的には社会的リスクも)	・内臓の機能や手足の筋力が急激に低下。 ・判断力・瞬発力が低下し、自動車の運転ミスが増える。 ・これまでやっていたスポーツができなくなる。 ・認知能力の衰えなどからリテラシーが低下し、若い人たちと付き合えなくなる。
80代	身体的リスク 金銭的リスク 社会的リスク	・歩行リスクが高まり、歩けなくなる。 ・介護サービスや介護施設の利用をするようになるため、金銭的な負担が増える。 ・同年代の知り合いに亡くなる人が増え、孤独感が強まる。
90代以降	総合的リスク	・ひとり暮らし自体がリスクになる。

エピローグ
幸せな死を迎えるために

母の死をきっかけに考えた長生きリスク

長生きリスクのことを考え、長生きリスクについて本をまとめようと思ったのは、いま思えば、2020年4月に私の母が89歳で亡くなったことが最も大きな理由だったのでしょう。

父は1999年に、すでに若くして亡くなっていました。ですから、母はその後の二十数年間を、1人で暮らしていました。

母の家からは、スープの冷めない距離に、私の兄が住んでいましたし、私の姉も必ず週1回以上は母を訪ねていました。

正月やお盆の休みには、姉夫婦がいつも母と一緒に過ごしていましたから、4人のきょうだいのなかでは、私が最も母の老後の生活には関わっていなかっただろうと思います。

2020年1月に、母の具合が悪くなり、検査をしてもらったところ、大腸がんが発覚しました。すでにステージ4でした。

その後、大学病院に入院し、緩和ケアの病棟へと転院することになりましたが、その間、時間があるときは必ず病院に行って、見舞いをし、なるべく頻繁に母に会うようにしていました。

そのとき、本当にたくさんの昔話を母から聞いたことは、忘れられません。

母の特徴のひとつと言っていいと思いますが、彼女は89歳の高齢になってもほとんどボケなかったことです。

末期の大腸がんであることがわかったときも、本人は、

「本当に注射の1本でも2本でも打ってくれれば、おしまいになるのにね。それでも仕組み上、検査とか、その他いろいろしなければいけないんでしょ。めんどくさいわね」

なんて、意外とサバサバとした態度でした。自分の生に大きなこだわりを持っていないようにも感じられました。

それは、きっと父に早くに亡くなられて、逆に自分の時間がたくさんあったからなのかもしれません。

友達付き合いも、大好きな旅行も、やりたいことは全部やり尽くして、病気が判明した頃には、もう同年代の身近な親族や親しい友人たちはほとんどが鬼籍に入られていたのです。

母自身も、すでに足腰が相当弱くなり、自由に動かせなくなっていましたから、「もういいか、という気分になっているから」というのが、母本人からの説明でした。

そんな母の終末期の様子を見ながら、「自分は、いったいどんなかたちで、80

代、90代を迎えて、どんなかたちで死にたいだろうか」と考えたのが、自分の長生きリスクについて十分に吟味しようと思った最大のきっかけだったのだろうと思います。

一緒に、幸せな死を迎えましょう

私は読者のみなさんのおかげで、何冊も自分の本を作らせていただきました。そんな私の本の特徴というのは、私自身が何かの専門家ではないということでしょう。

たとえば長生きリスクの専門家だったら、本書に書いてあることは、とっくの昔に知っていることなのかもしれません。専門家ですら知らない、新しい発見というのは、本書にはもちろんないでしょう。

けれども、私は専門家ではなくアマチュアであるがゆえに、専門家が使わない、一般の言葉で、いろいろな疑問をかたちにすることができます。

そうした思考の整理整頓が、多くの読者の方々に共感を得られているのではないかと思ったのです。

ですから本書も、ある意味、「思考の整理学」として、読者のみなさんの役に立てればいいと思う一心から、さまざまな科学的知見や、科学的知識に基づいて、私自身が実践していることを含めて、なるべくわかりやすいように、まとめさせていただきました。

この本のなかに書かれている内容は、私の長生きに関する考え方を含む、エッセイのようなものです。

ですから、読者のみなさんには、本書は１人の人間の長生きに関するひとつの見方だと思っていただければと思います。

本書はあくまでも私の長生きに関する考え方、生き方ですが、人には人の考え方、生き方があります。

自分がどのように人生をデザインし、長生きを考え、長生きリスクをマネジメントするのか、本書を参考程度にしていただいて、自分で試行錯誤し、発見していってもらいたいのです。

この本を書いている時点では、私は52歳です。仮に104歳まで生きるとしたら、現在は、ちょうど、折り返し地点に立っていることになります。

まだ、折り返し地点だというのに、20代から40代までずっと乗り回していた自転車には、ほとんど乗れていません。都内だったらどこへでも行っていたのですが、膝を痛めて以来、近所を数キロ乗るくらいの状態です。

きっと、これからも若い頃にはできたのに、できなくなることが肉体的にはどんどん増えてくるのでしょう。

その一方で、若い頃にはわからなかったことが、経験を通じて得た知識や知恵の積み重ねによって、わかるようになってきました。

長生きはリスクもあれば、リターンもあるということです。その2つのバランスをうまく融合させながら、上手な歳の取り方を、読者のみなさんと一緒にこれからも考えていきたいと思います。

ぜひとも、一緒に楽しく、長生きリスクマネジメントを行い、幸せな死を迎えましょう。

勝間和代

勝間和代（かつま かずよ）

経済評論家、株式会社監査と分析取締役、
中央大学ビジネススクール客員教授

1968年生まれ。早稲田大学ファイナンスMBA、慶應義塾大学商学部卒業。アーサー・アンダーセン、マッキンゼー・アンド・カンパニー、JPモルガンを経て独立。少子化問題、若者の雇用問題、ワークライフバランス、ITを活用した個人の生産性向上など、幅広い分野で発言を行う。主宰する「勝間塾」にて、なりたい自分になるための教育プログラムを展開するかたわら、麻雀のプロ資格取得、YouTuberなど、活躍の場をさらに拡大中。テレビや雑誌で専門知識をフル稼働させた節約法や、自身の体験と研究をもとにした家事、家電選びのアドバイスも人気。『2週間で人生を取り戻す！ 勝間式汚部屋脱出プログラム』（文藝春秋）、『勝間式 超ロジカル家事』（アチーブメント出版）、『勝間式 食事ハック』（宝島社）など著書多数。公式YouTubeチャンネル「勝間和代が徹底的にマニアックな話をするYouTube」を配信中。

カバー・本文デザイン　ＡＤ：渡邊民人、Ｄ：谷関笑子（ＴＹＰＥＦＡＣＥ）
本文ＤＴＰ　黒坂浩（ＡＬＰＨＡＶＩＬＬＥ ＤＥＳＩＧＮ）
編集　田村真義（宝島社）

参考文献

- 勝間和代『勝間式食事ハック』宝島社
- デビッド・A・シンクレア、マシュー・D・ラプラント『LIFESPAN　老いなき世界』梶山あゆみ訳、東洋経済新報社
- フローレンス・ウィリアムズ『NATURE FIX 自然が最高の脳をつくる　最新科学でわかった創造性と幸福感の高め方』栗木さつき、森嶋マリ訳、NHK出版
- デイヴィッド・ローベンハイマー、スティーヴン・J・シンプソン『科学者たちが語る食欲　食べすぎてしまう人類に贈る食事の話』櫻井祐子訳、サンマーク出版
- ジョン・J・レイティ、エリック・ヘイガーマン『脳を鍛えるには運動しかない！　最新科学でわかった脳細胞の増やし方』野中香方子訳、ＮＨＫ出版

参考URL（いずれも最終アクセス日2021年6月15日）

https://www.jstage.jst.go.jp/article/geriatrics/47/1/47_1_52/_pdf
https://epi.ncc.go.jp/jphc/outcome/2418.html
https://medical.nikkeibp.co.jp/leaf/mem/pub/hotnews/diabet/202012/568298.html
https://cuisine-kingdom.com/diabetes/
https://www.nli-research.co.jp/report/detail/id=63562?site=nli
https://style.nikkei.com/article/DGXMZO52020370R11C19A1000000?page=2
https://kozai-dent.jp/15792803046650
https://www.cancerit.jp/58671.html
https://www.jacp.net/perio/effect/
https://www.kyushu-u.ac.jp/ja/researches/view/466
https://www.kaigonohonne.com/news/article/1422
https://www.tochinai-dental.com/blog/333

健康もマネーも人生100年シフト！

勝間式ロジカル不老長寿

2021年7月27日　第1刷発行

著　者　　勝間和代
発行人　　蓮見清一
発行所　　株式会社宝島社
〒102-8388　東京都千代田区一番町25番地
営業 03-3234-4621
編集 03-3239-0926
https://tkj.jp
印刷・製本　サンケイ総合印刷株式会社

Printed in Japan
ISBN978-4-299-01833-5